KB235733

레고® 파워 펑션 아이디어 북
자동차와 흥미로운 장치들

VOLUME 2

레고® 파워 펑션 아이디어 북

자동차와 흥미로운 장치들

지은이 **이소가와 요시히토** | 옮긴이 **공민식**

인사이트 insight

The LEGO® Power Functions Idea Book, Volume 2: Cars and Contraptions

레고® 파워 펑션 아이디어 북 Volume 2 : 자동차와 흥미로운 장치들

초판 1쇄 발행 2016년 5월 4일 **지은이** 이소가와 요시히토 **옮긴이** 공민식 **펴낸이** 한기성 **펴낸곳** 인사이트 **편집** 조은별 **본문 디자인** 윤영준 **제작 · 관리** 박미경 **용지** 월드페이퍼 **인쇄** 현문인쇄 **제본** 자현제책 **후가공** 이지앤비 **등록번호** 제10–2313호 **등록일자** 2002년 2월 19일 **주소** 서울시 마포구 잔다리로 119 석우빌딩 3층 **전화** 02–322–5143 **팩스** 02–3143–5579 **블로그** http://blog.insightbook.co.kr **이메일** insight@insightbook.co.kr **ISBN** 978–89–6626–183–3 책값은 뒤표지에 있습니다. 잘못 만들어진 책은 바꾸어 드립니다. 이 책의 정오표는 http://blog.naver.com/legoinsight/2206929259559에서 확인하실 수 있습니다. 이 도서의 국립중앙도서관 출판예정도서목록(CIP)은 서지정보유통지원시스템 홈페이지(http://seoji.nl.go.kr)와 국가자료공동목록시스템(http://www.nl.go.kr/kolisnet)에서 이용하실 수 있습니다(CIP제어번호: CIP2016010302).

차례

바퀴 없이 움직이는 것들

흥미로운 동작 원리

소개

이 책은 레고 테크닉 부품을 이용해 만들어 볼 수 있는 다양한 모델을 소개하는 아이디어 북입니다. 특히, 레고 파워 펑션(Power Function) 시리즈의 모터, 램프와 같은 전기 관련 부품의 활용 기법에 초점을 맞추고 있습니다.

왜 설명이 없나요?

이 책은 여러분이 지금 읽고 있는 '서문' 과 '목차' 외에는 글이 없습니다. 대신, 특정한 기법 또는 원리를 보여 주기 위한 조립 모델을 쉬운 것부터 어려운 것까지, 여러 각도로 찍은 사진을 제공합니다.

이 책에서는 모델을 완성시키는 데 필요한 부품에 대해서는 소개해 주지만, 레고 기성품에 포함된 것과 같은 단계별 조립도는 제시하지 않습니다. 여러분은 다양한 각도에서 촬영된 이미지를 보며, 흡사 퍼즐을 풀어나가는 과정처럼 스스로 모델을 완성시켜야 합니다. 이 과정은 처음에는 약간 익숙치 않게 느껴질 수도 있지만 하나씩 단계를 밟아 나가다 보면 충분히 여러분만의 노하우가 생길 것입니다.

부품색의 의미

이 책에 등장하는 예제들은 모두 여러분이 구조를 이해하기 쉽도록 의도적으로 다른 색상을 조합해 만들었습니다. 모델을 따라 만들기 위해 책의 예제와 같은 색을 고집할 필요는 없습니다. 부품의 모양, 좀 더 나아가 부품의 동작 특성만 동일하다면 여러분이 원하는 색상과 모양의 부품을 사용해도 무방합니다.

부품 대체하기

이 책의 모델들은 가능한 한 쉽게 구할 수 있는 부품 위주로 만들었습니다. 하지만 예제로 사용된 모든 부품의 모양과 색을 똑같이 맞추는 것은 쉽지 않을 것입니다.

대부분의 독자들은 자신이 가지고 있는 레고 부품을 활용해 이 책의 모델을 만들어보고 싶어할 것입니다. 만약 책에 나온 것과 같은 부품이 없다면 대체할 만한 부품을 찾는 과정도 필요하겠지요.

예를 들어, 레고에는 많은 종류와 크기의 타이어가 있습니다. 만약 여러분이 이 책의 특정한 모델에 사용된 타이어와 똑같은 타이어가 없다면, 비슷한 크기의 다른 타이어를 사용해도 크게 문제가 되지 않습니다. 파워 펑션 모터도 마찬가지입니다. 이 책에서 가장 많이 사용되는 것은 파워 펑션 M 모터(미디엄 모터)입니다. 대부분의 모델에서, 여러분은 M 모터와 거의 크기가 비슷한 파워 펑션 L 모터 또는 구형의 9V 모터를 사용해도 구동할 수 있을 것입니다.

참고로, 이 책의 맨 뒤에서 책에서 제시된 모델들을 만드는 데 필요한 부품 목록을 볼 수 있습니다. 부품 목록은 여러분이 부품을 찾거나 구하는 데 많은 도움을 줄 것입니다.

당신이 창작가입니다

모델을 만들 때 단순히 따라 만드는 것보다 면밀히 검토하고 고민하며 만드는 것을 추천합니다. 왜 이렇게 만들었을까, 어떻게 이런 움직임이 완성되는 것일까를 고민하고 이런 모양을 갖추게 된 이유를 생각해 보는 과정을 통해 여러분은 자신의 조립 능력을 크게 향상시킬 수 있습니다.

이 책은 여러분의 상상력을 자극하기 위해 만든 아이디어 북입니다. 여러분이 이 책을 통해 각각의 프로젝트를 자신만의 것으로 소화해 내고, 각각의 것을 결합해서 보다 멋지고 재미있는 여러분만의 작품을 만들어낼 수 있기를 진심으로 희망합니다.

1부

다양한 탈것

모터로 구동되는 바퀴

#1

×4　×2　12　×2　×4　×2　3

8:24 = 1:3

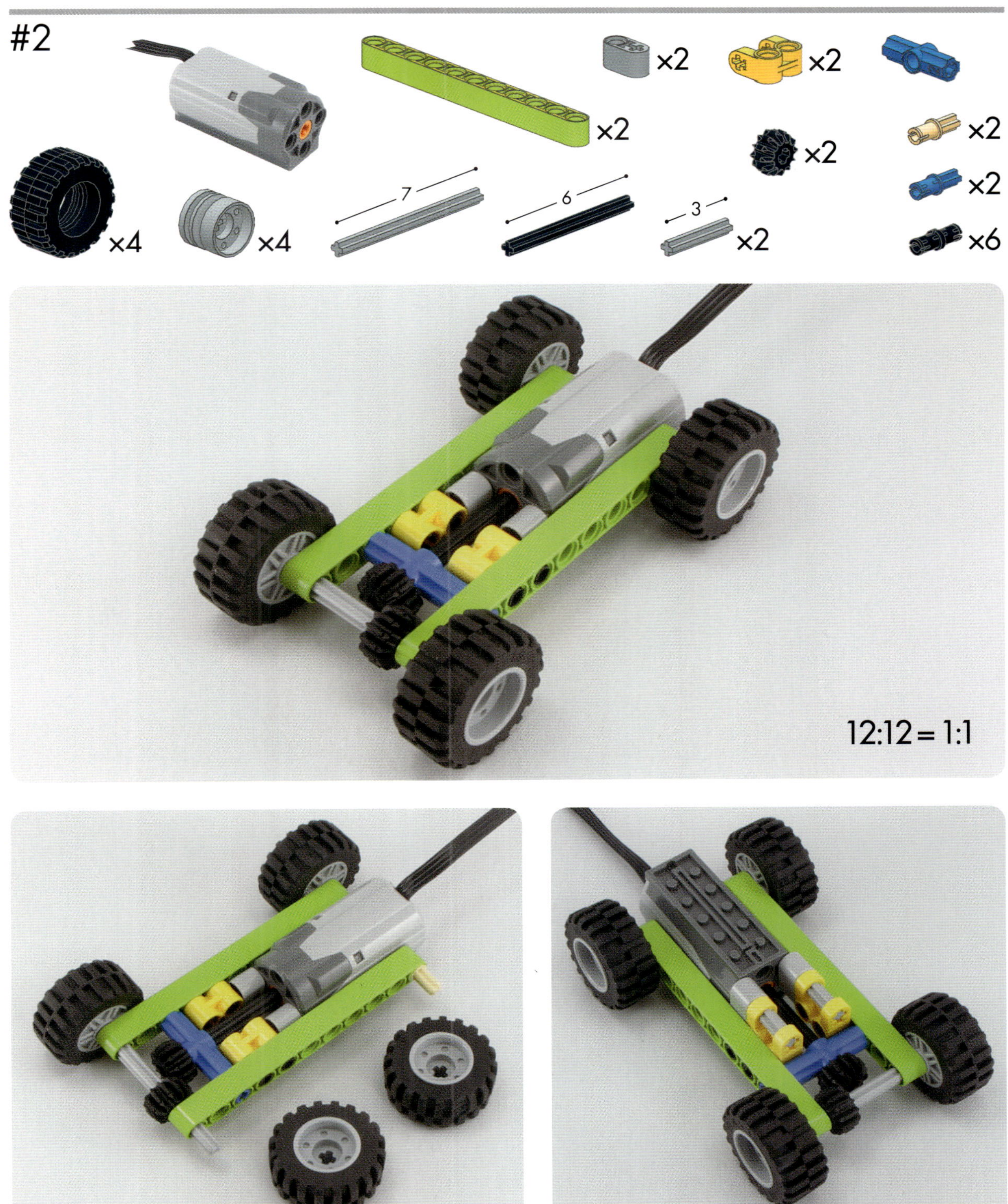

×4
×4
×2
×2
×2
×2
×2
7
6
3
×2
×2
×2
×6
12:12 = 1:1

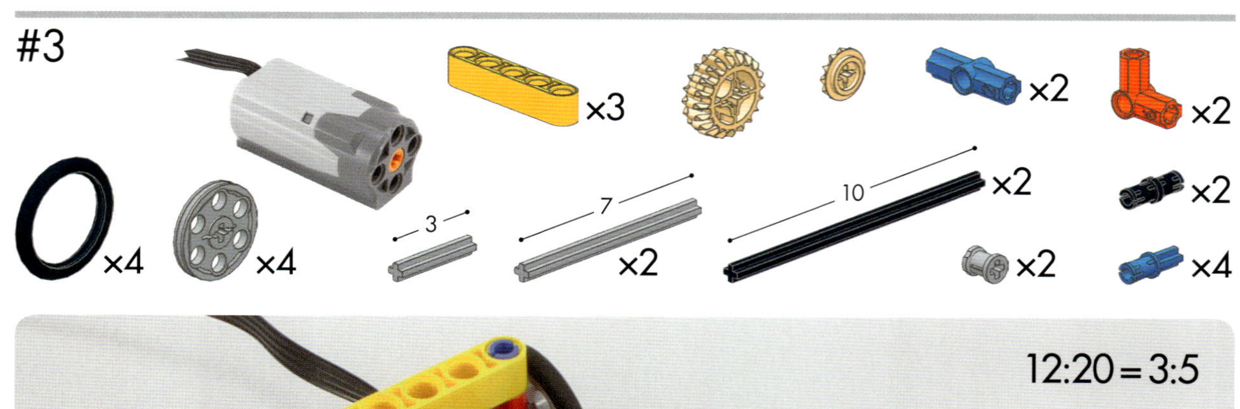

×3
×2
×2
×4
×4
3
7
×2
10
×2
×2
×2
×4

12:20 = 3:5

#4

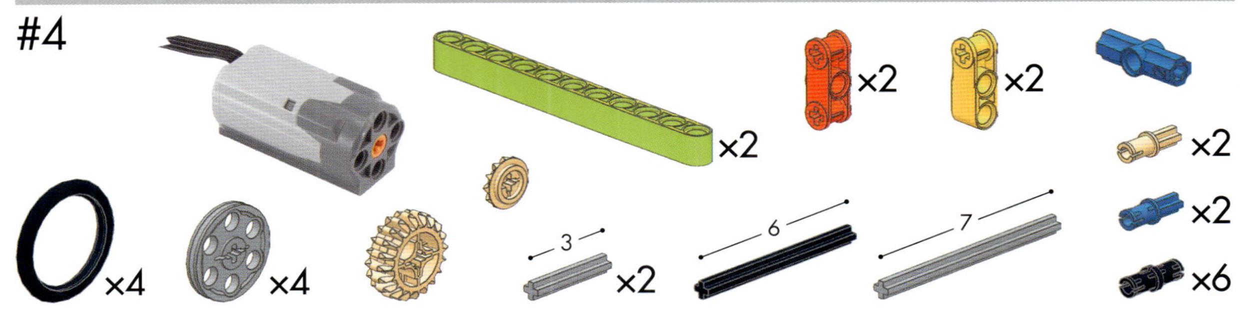

12:20 = 3:5

#5

8:24 = 1:3

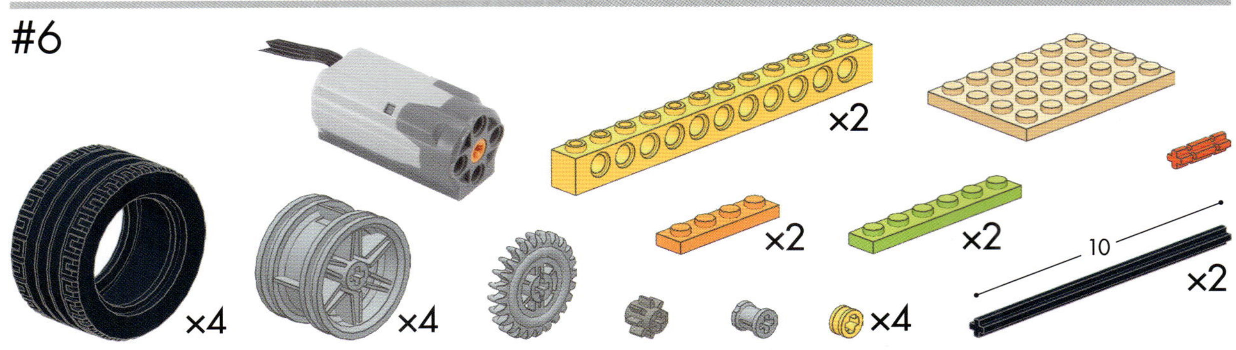

×2
×2
×2
×2
×4
×4
×4
10
×2

8:24 = 1:3

#7

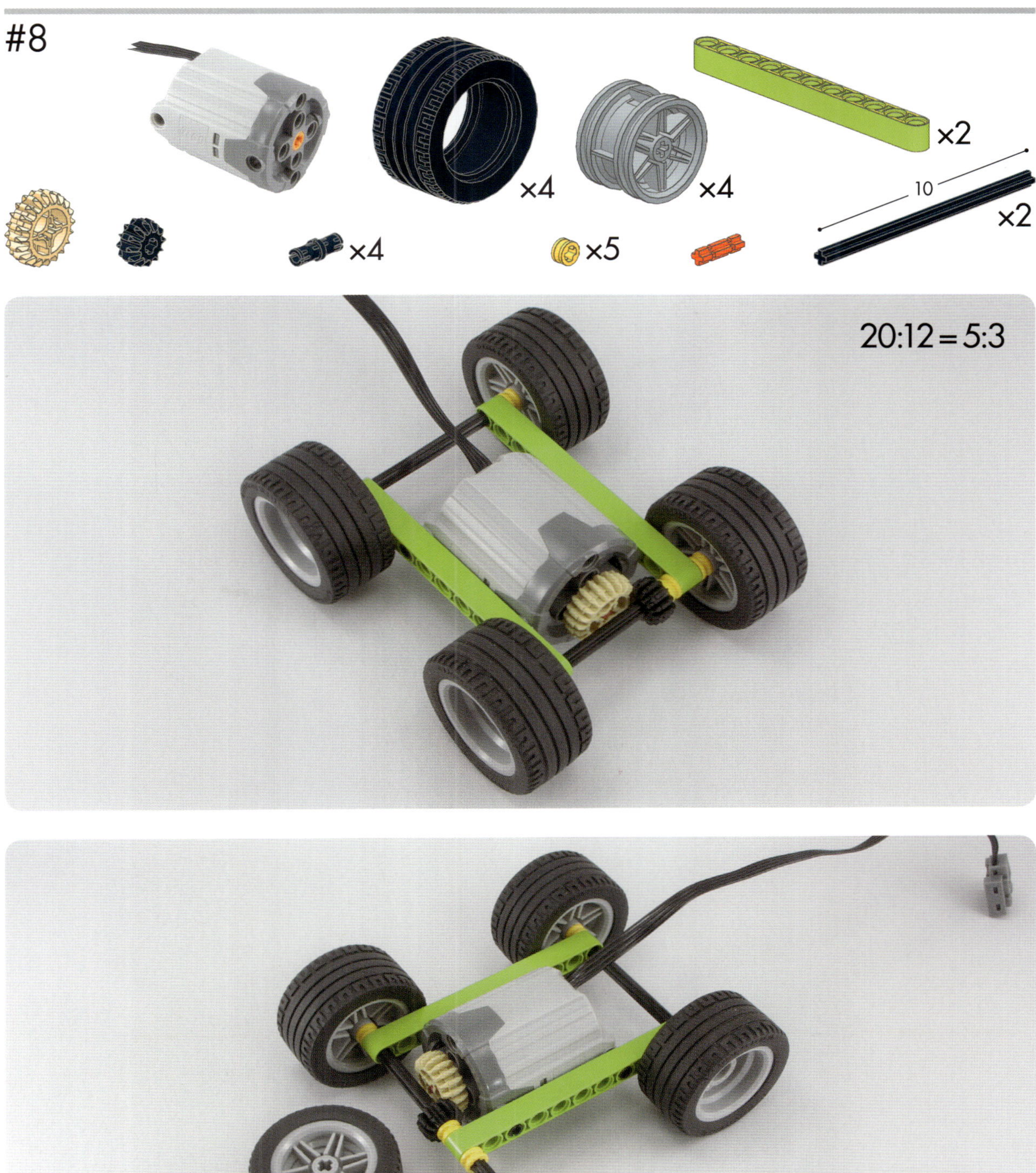

#8
×2
10
×2
×4
×4
×4
×5
20:12 = 5:3

#9

20:12 = 5:3

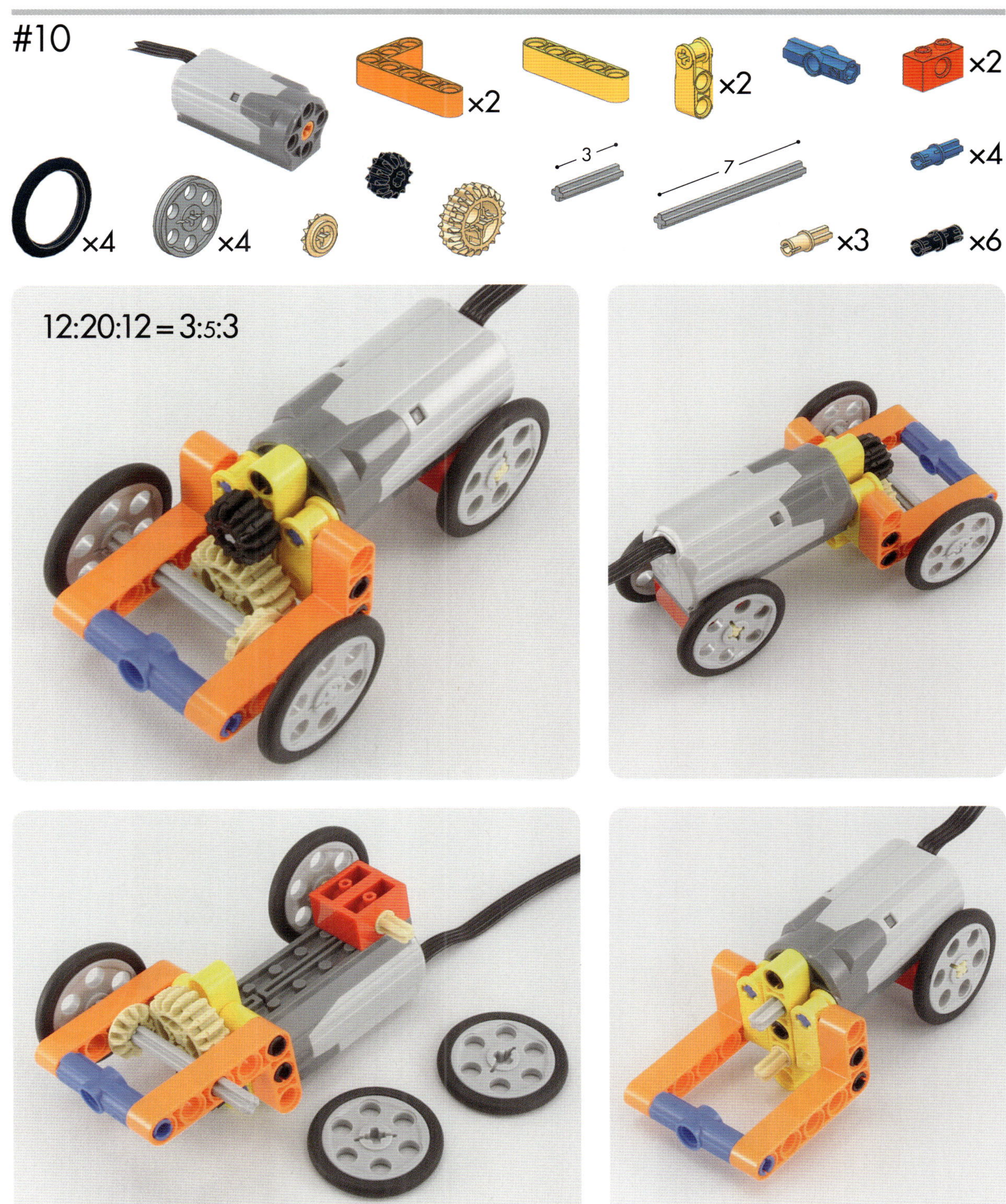

#10
×2
×2
×2
×4
×4
×4
×2
3
7
×3
×6
12:20:12 = 3:5:3

#11

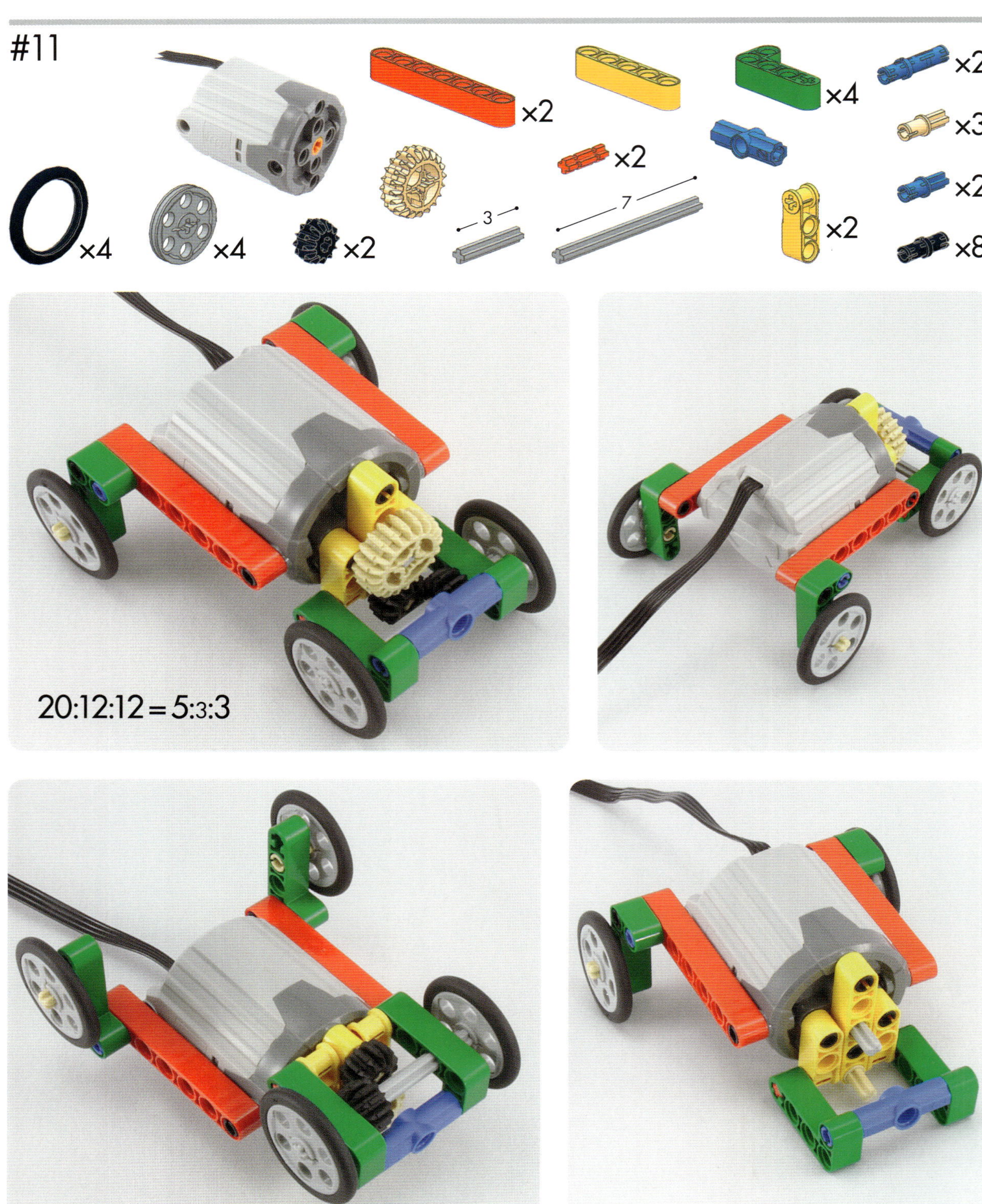

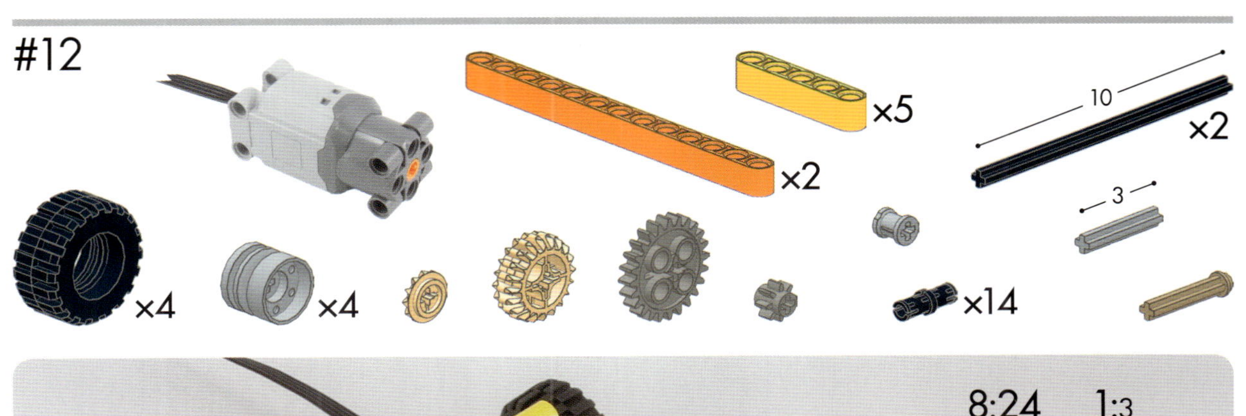

#12
×5
×2
10
×2
3
×4
×4
×14

8:24 = 1:3
12:20   3:5

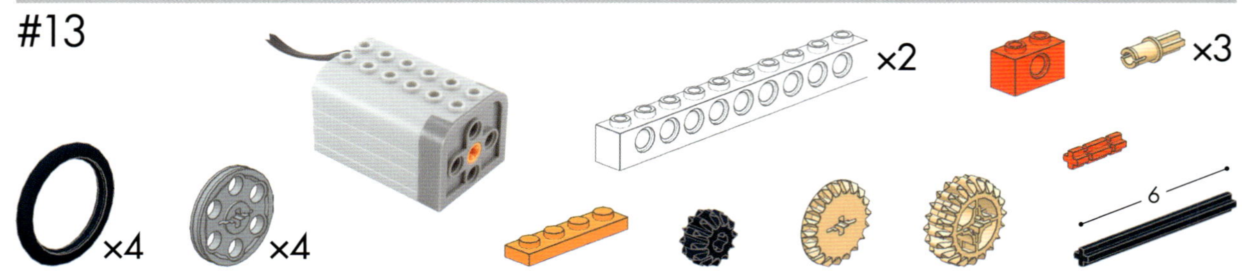

#13
×2
×3
×4
×4
6

20:12:20 = 5:3:5

#14

12:12 = 1:1

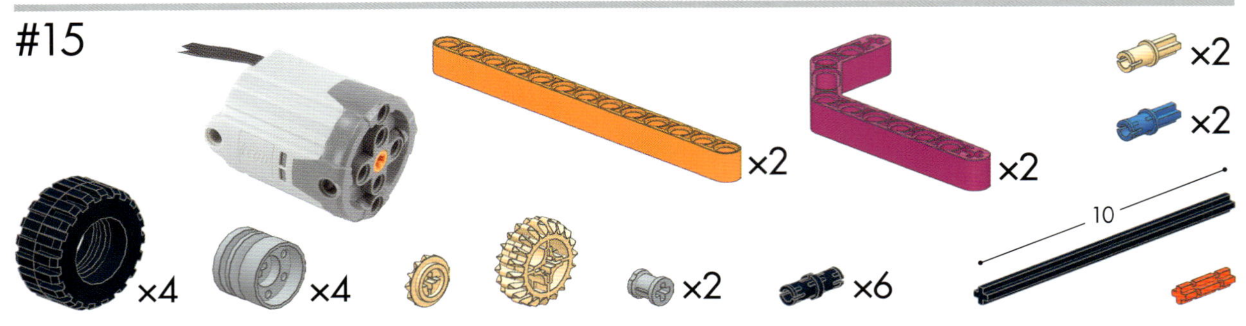

#15
×2
×2
×2
×2
×4
×4
×2
×6
10

12:20 = 3:5

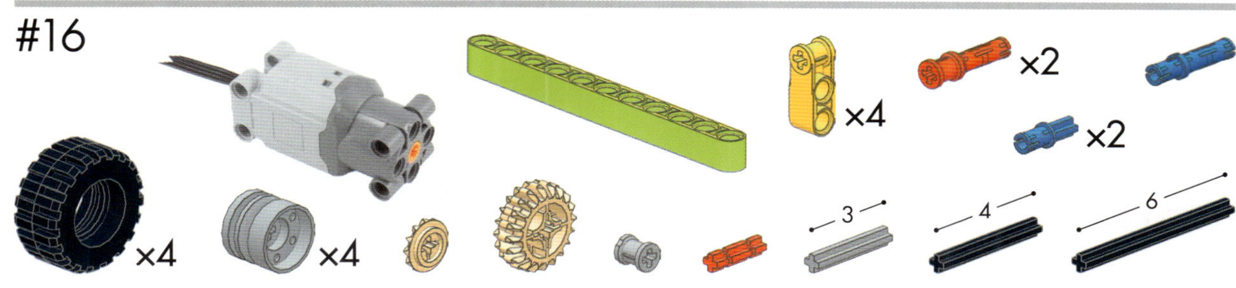
×4
×4
×2
×2
3
4
6

12:20 = 3:5

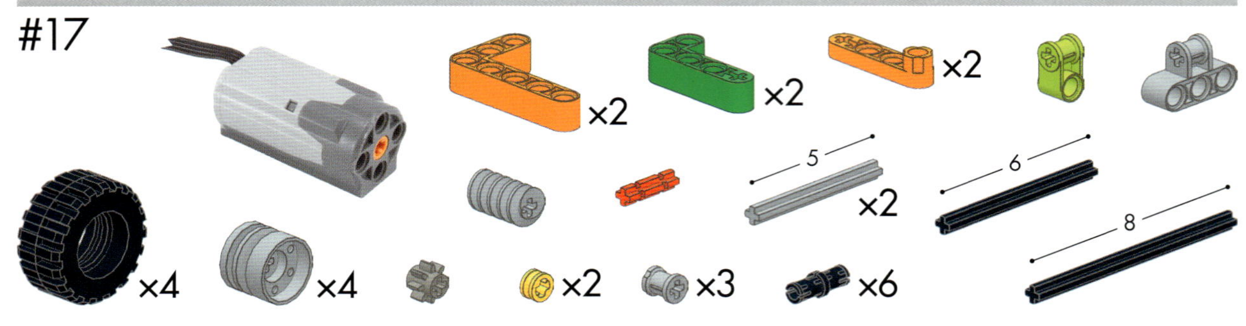

#17
×2
×2
×2
5
×2
6
8
×4
×4
×2
×3
×6

1:8

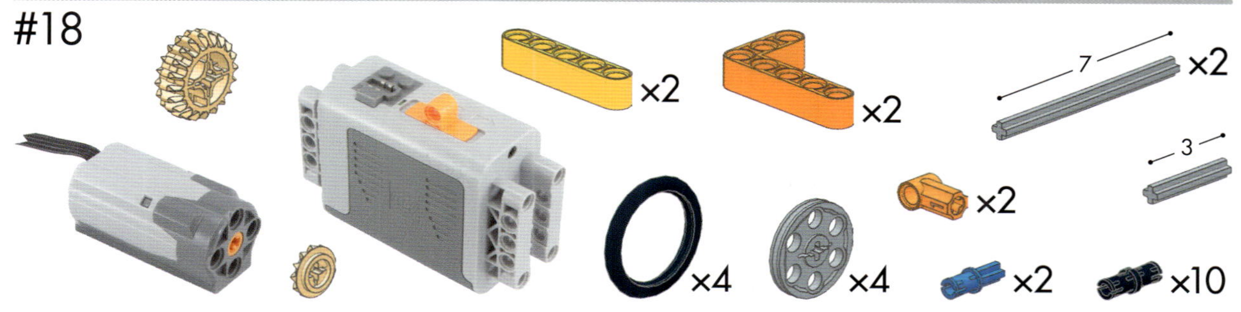

#18
×2
×2
7
×2
3
×4
×4
×2
×2
×10

12:20 = 3:5

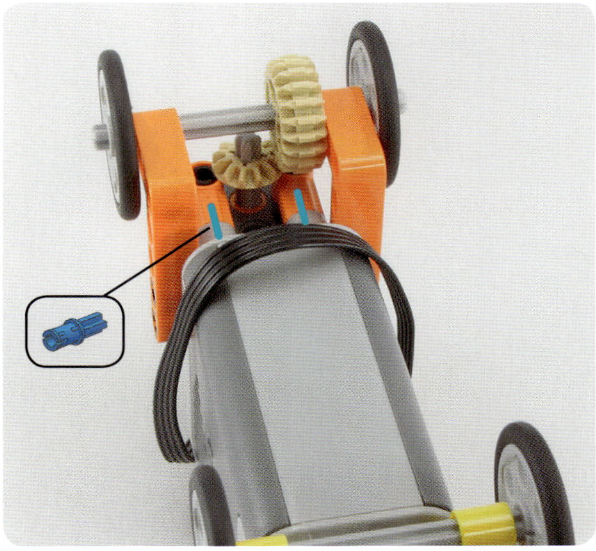

4륜구동 자동차

#19

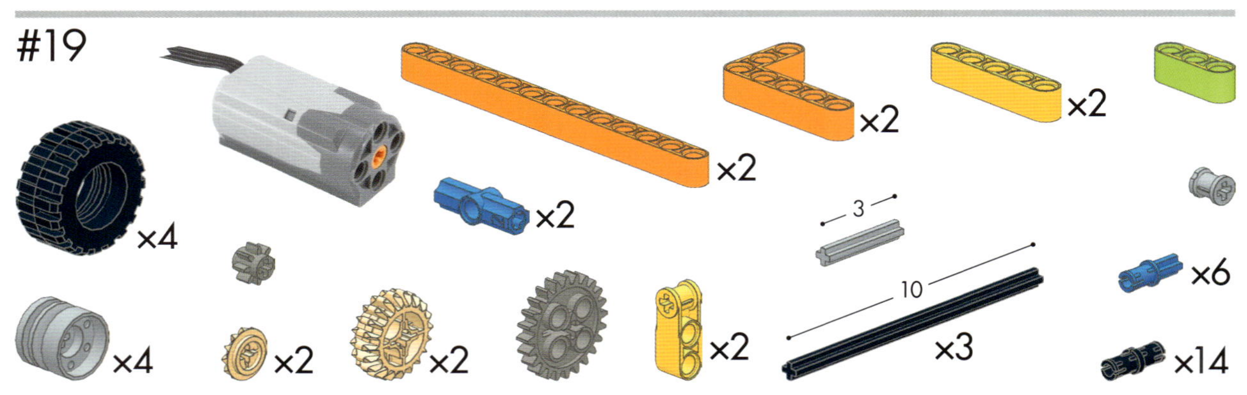

#20

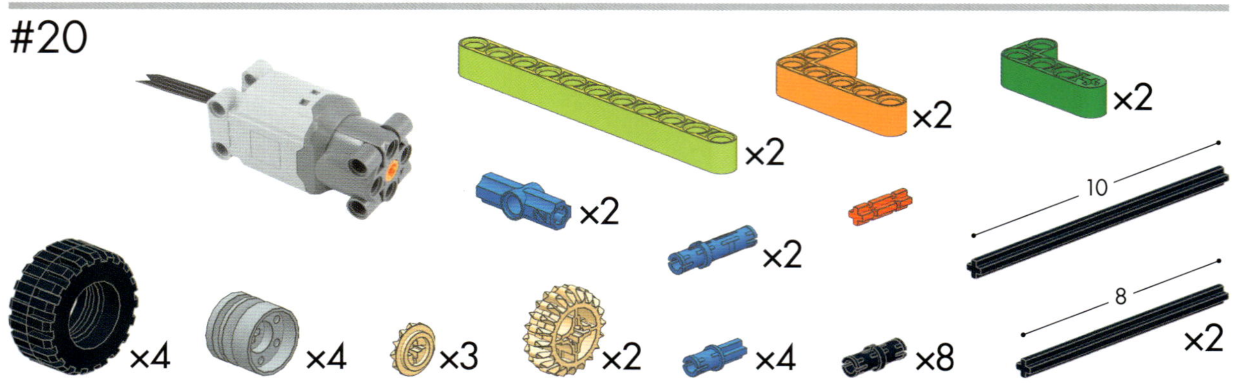

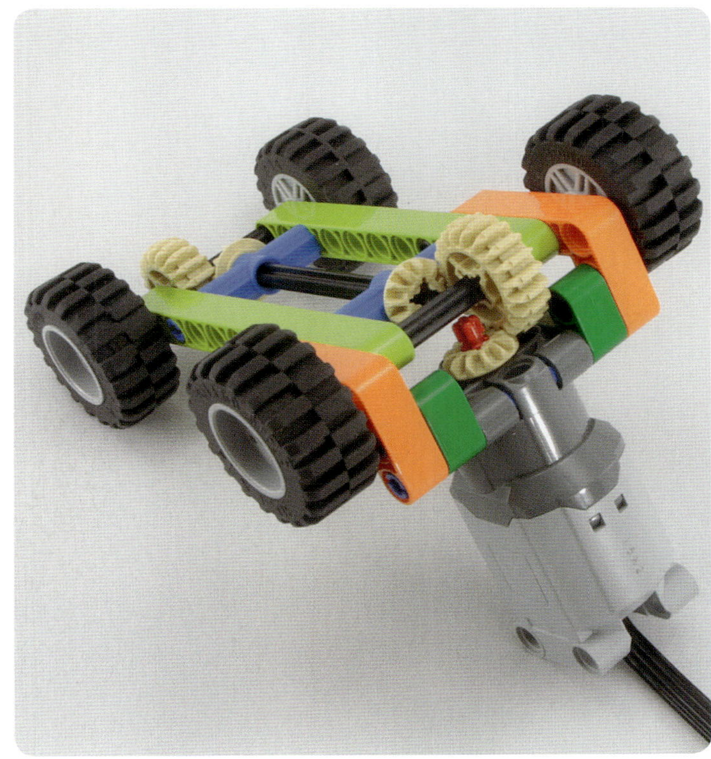

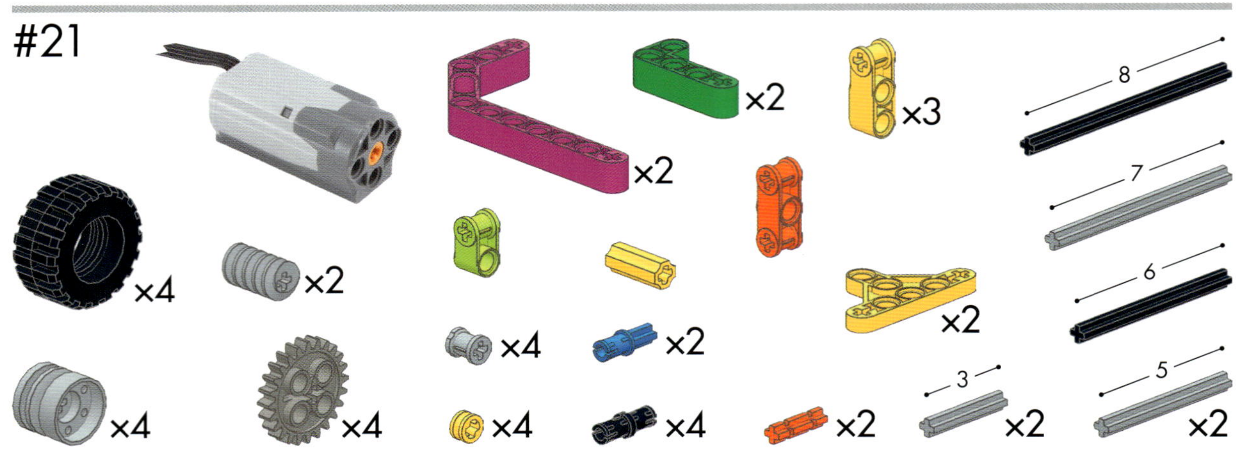

#22

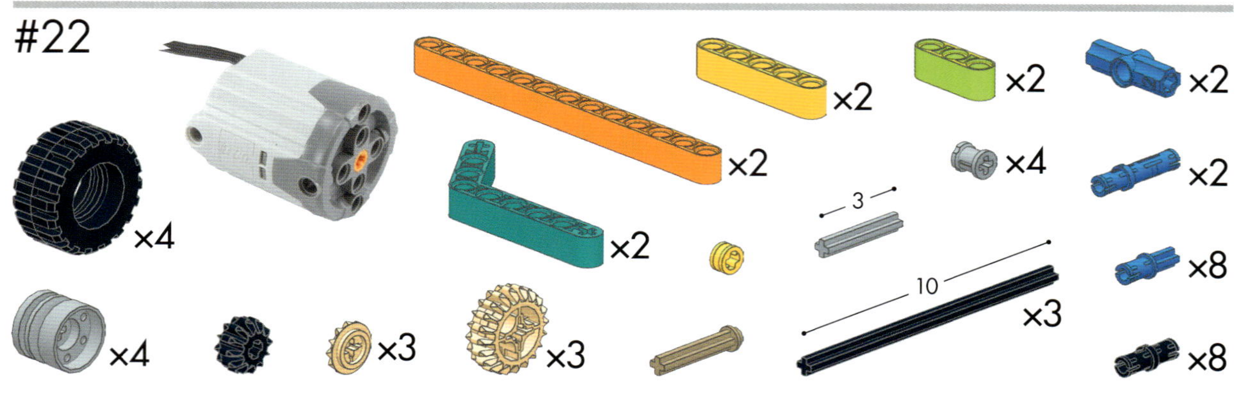

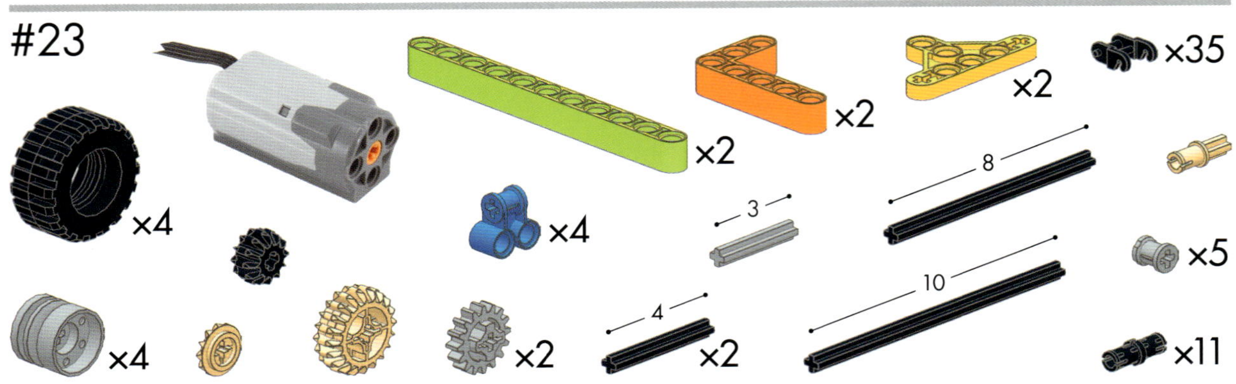

#23

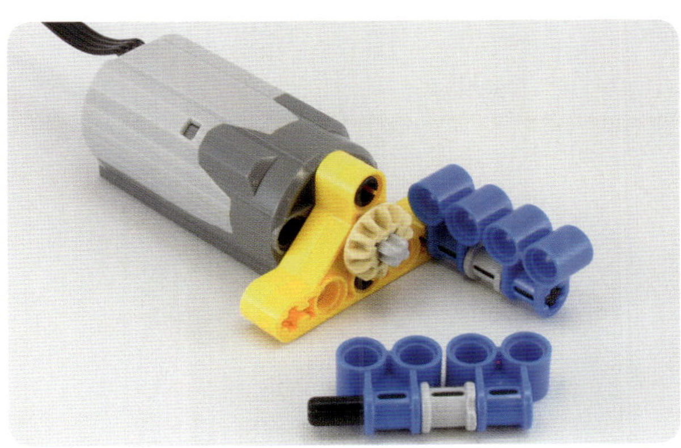

좌우 바퀴를 각각의 모터로 구동하기

#24

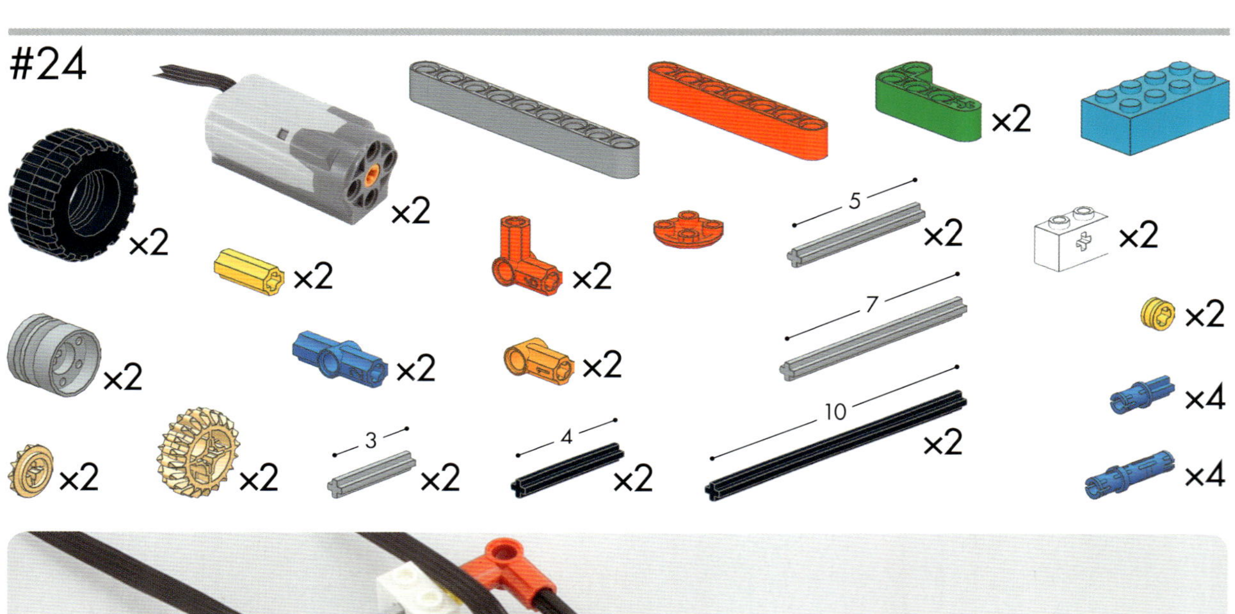

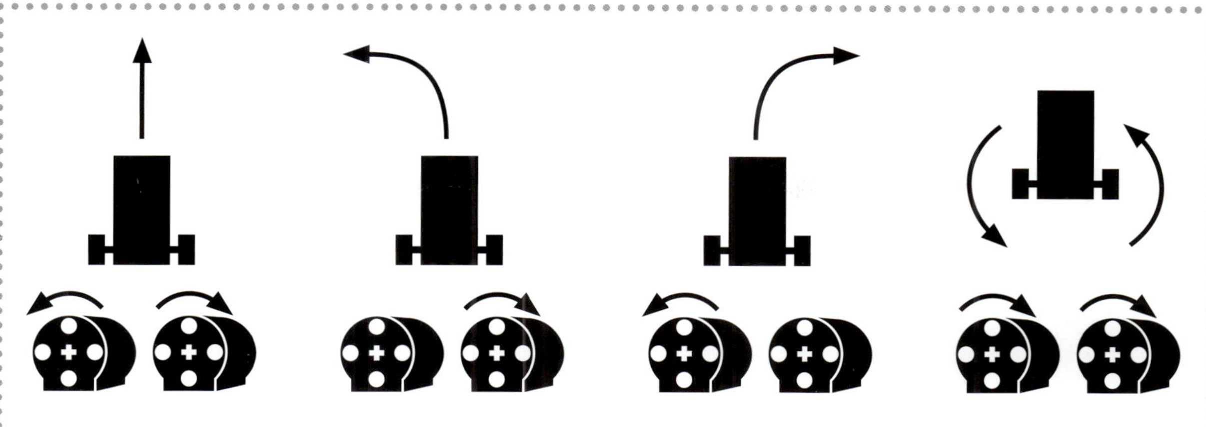

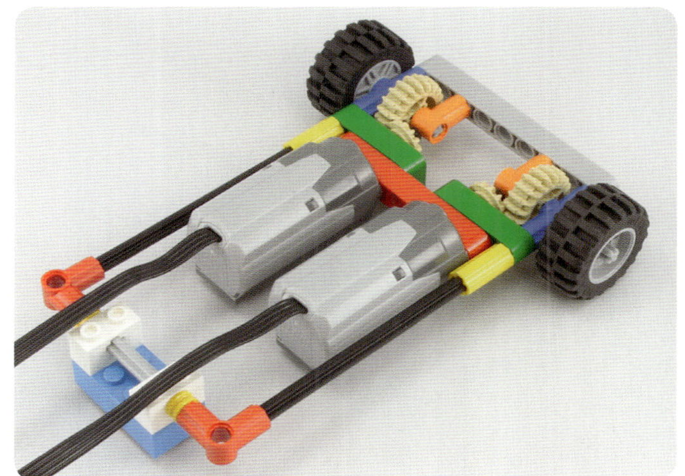

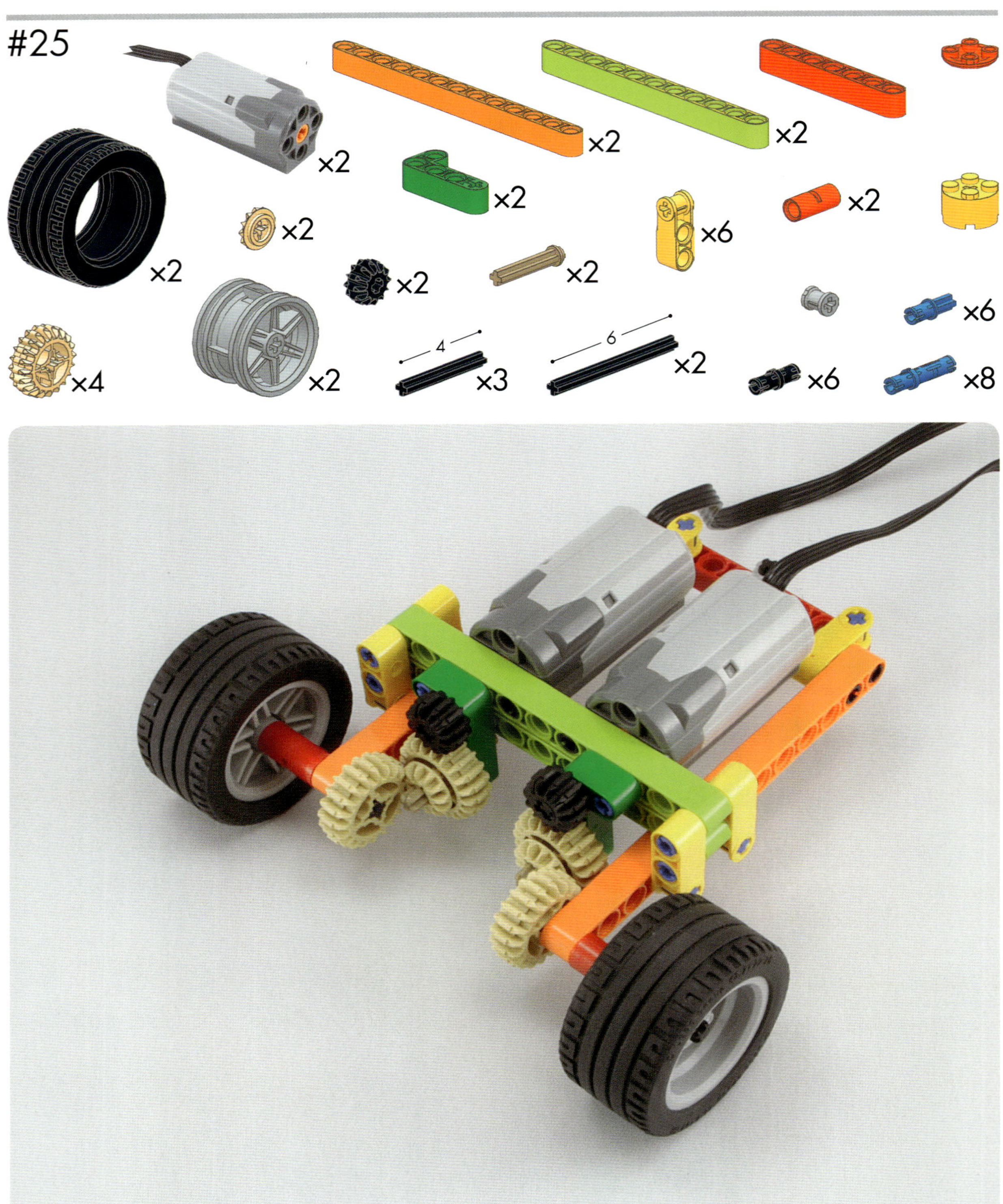

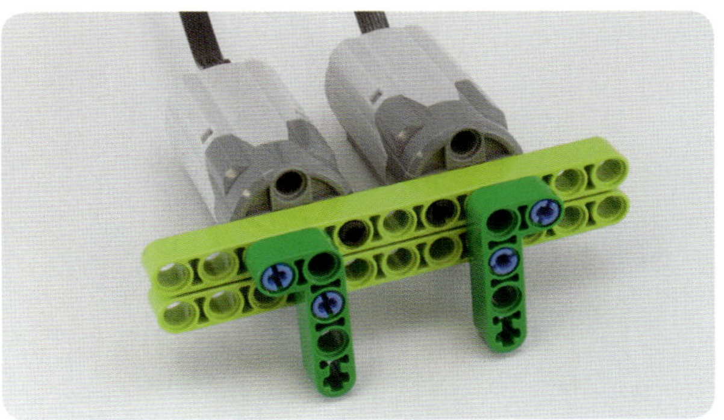

#26
×2
×2
×2
×2
×4
×4
×2
×2
×2
3
×4
4
×2
×2
×2
×2
×2
×2
×2
6
×2
×2
×2
×12

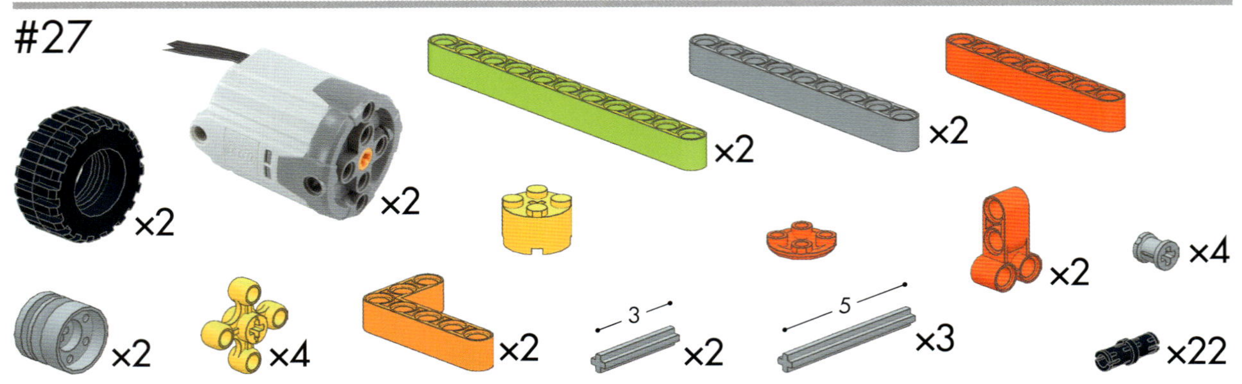

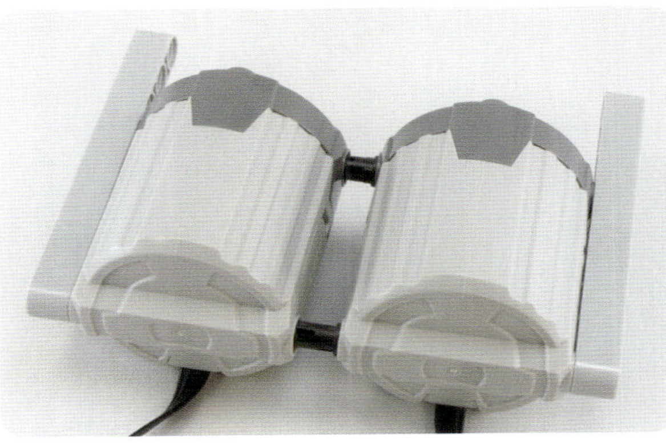

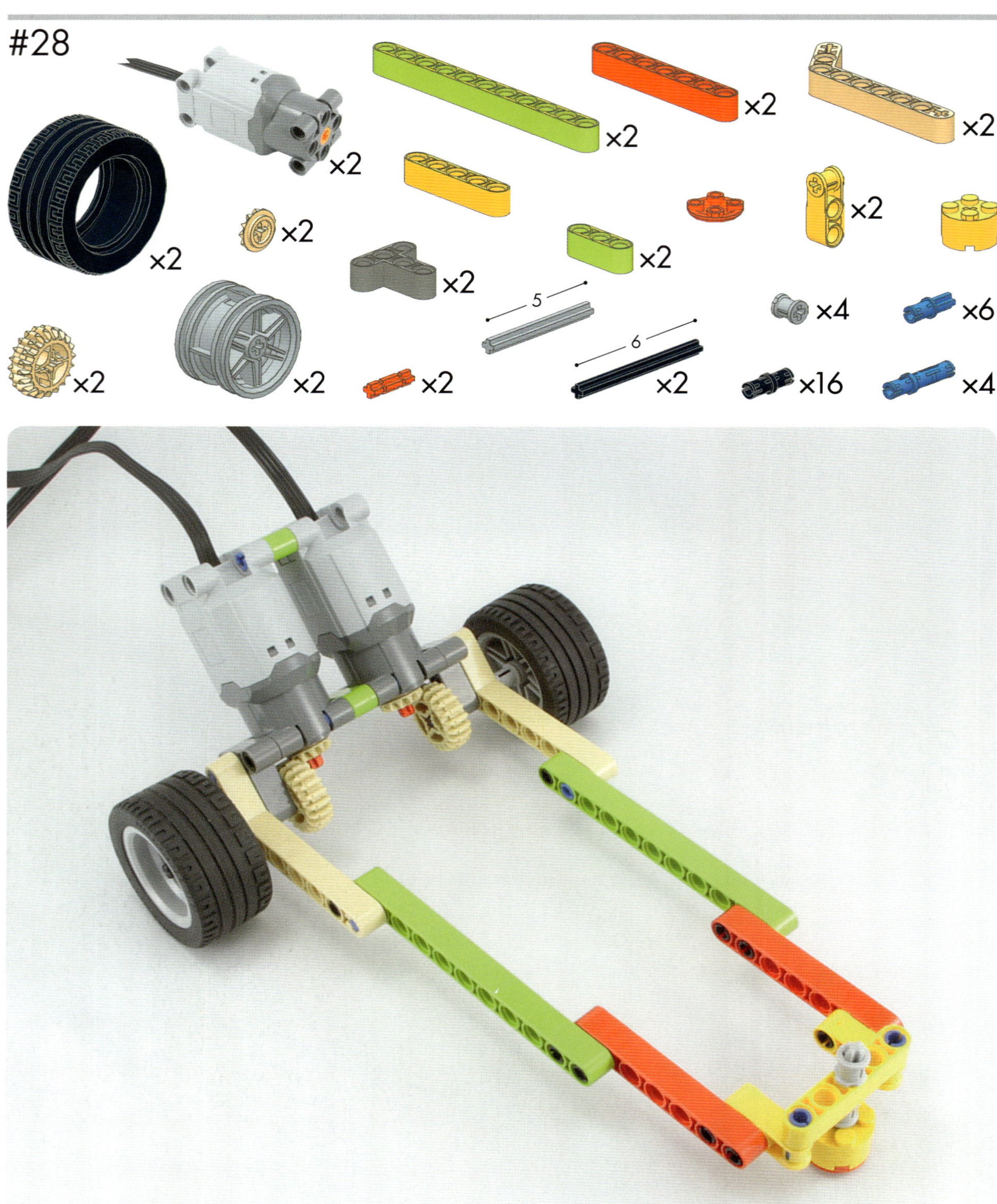

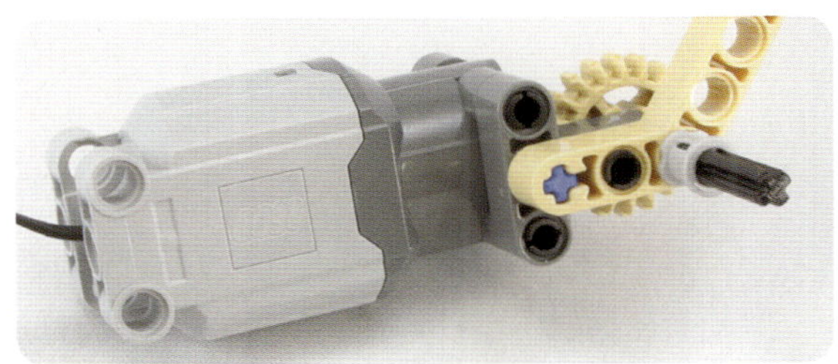

#29

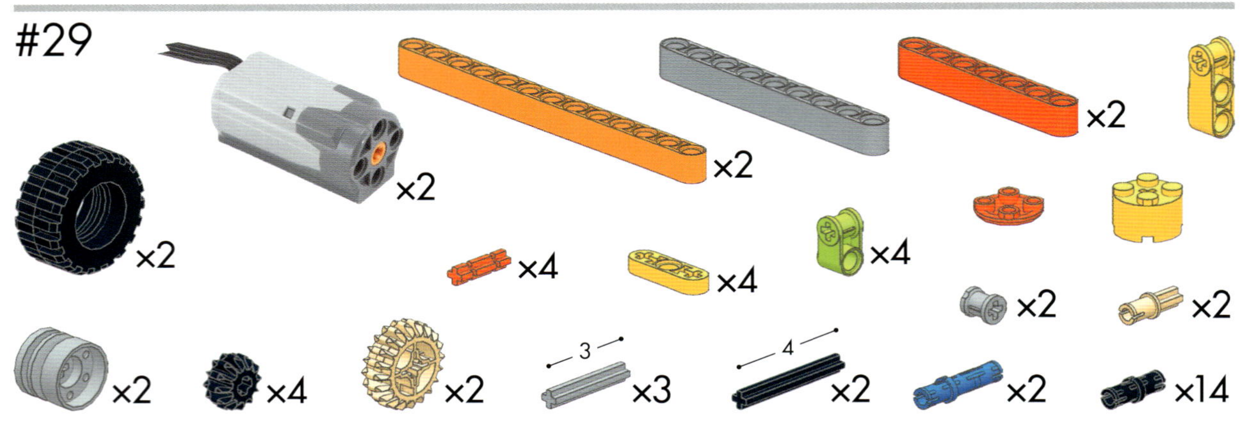

캐스터 휠 (끌림 바퀴)

#30

#31

#32

 ×2  ×2    

#33

   ×2   ×3 

#34

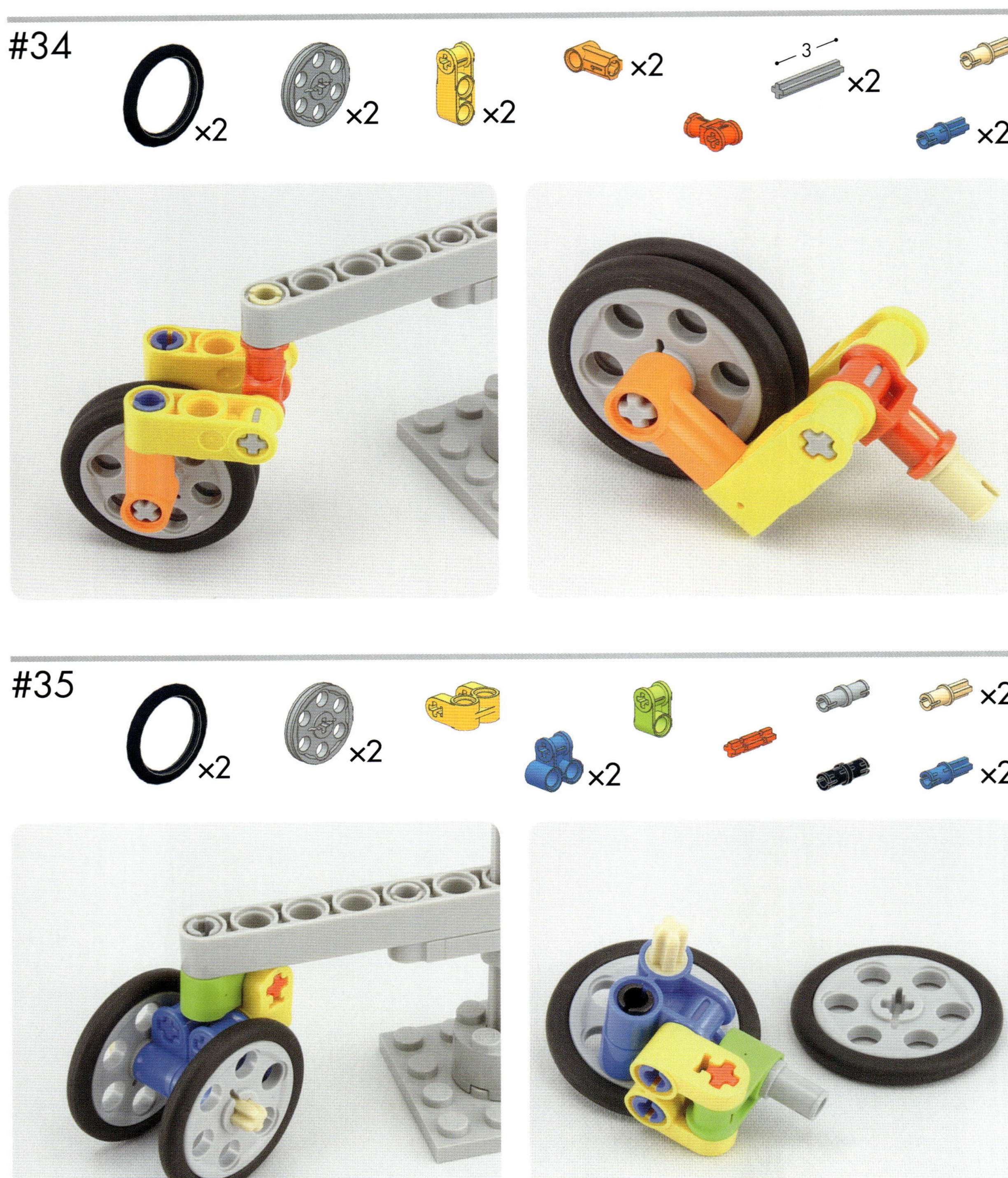

#35

#36
×2
×2
×2
×2
×2
3
×4
#37
×2
×2
×2
×2
×2
×2
×4
×2

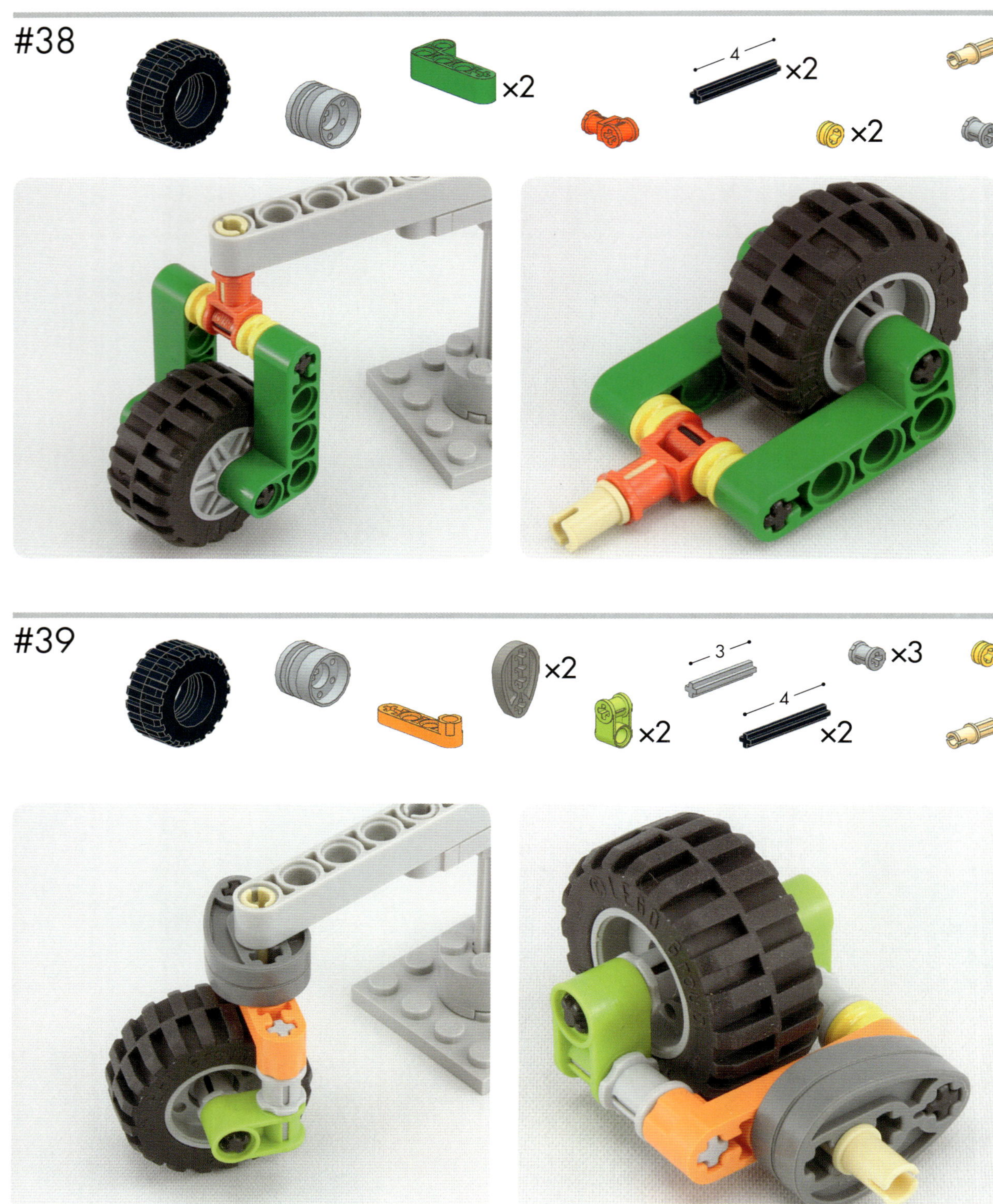

#38
×2
4
×2
×2
#39
×2
×2
3
×3
4
×2

#40

#41

서보 모터를 이용해 조향하기

#42

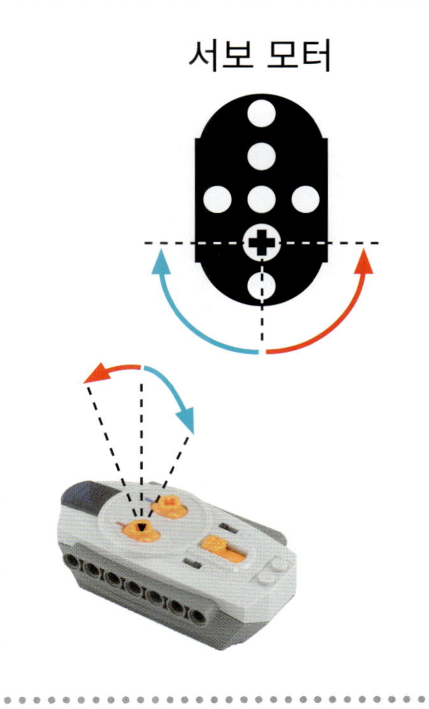
서보 모터

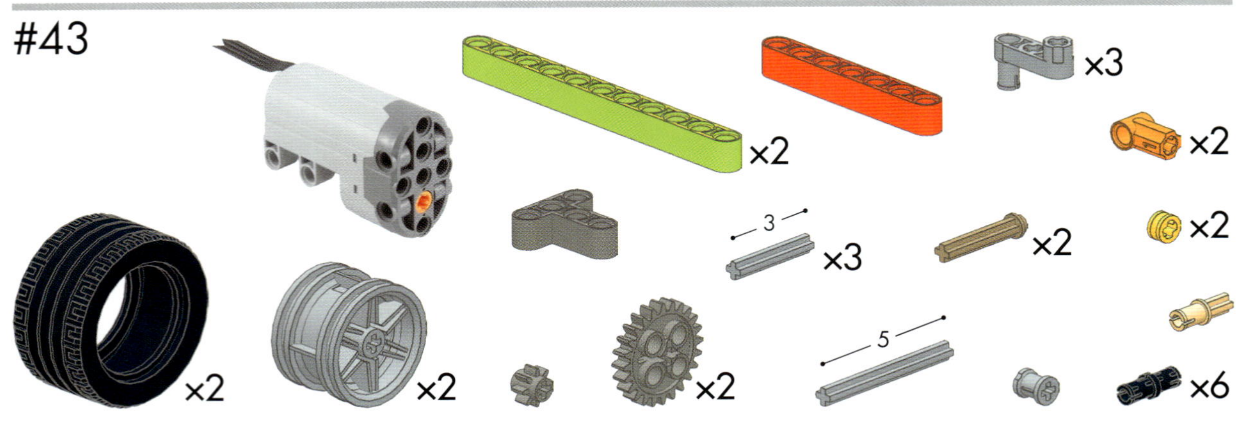

#43

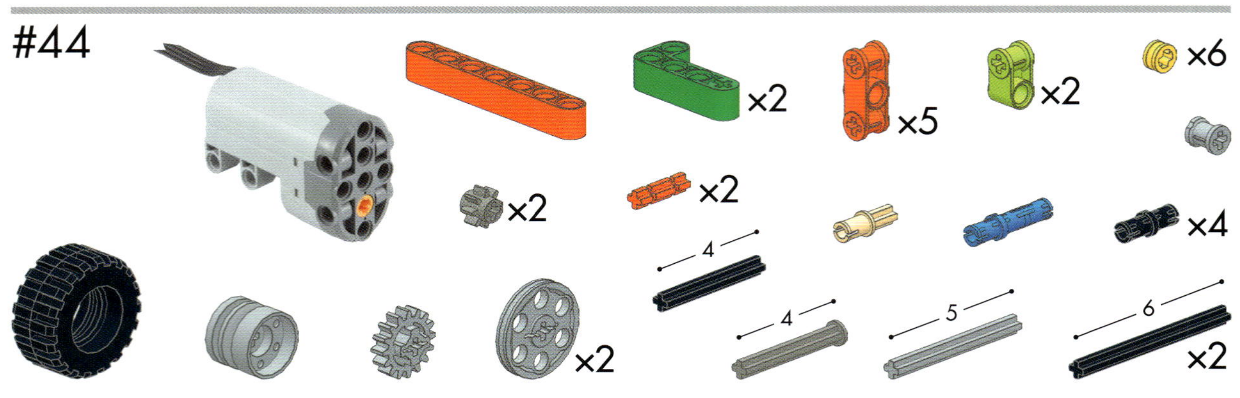

#44

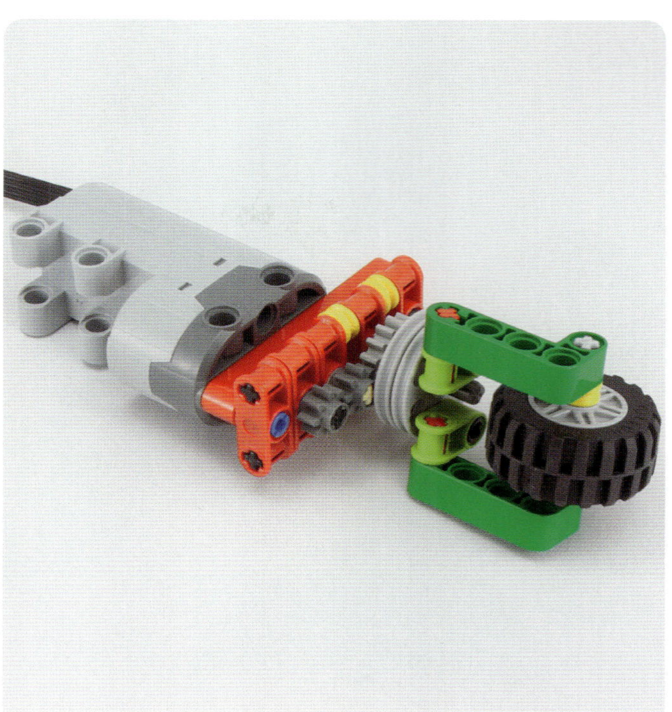

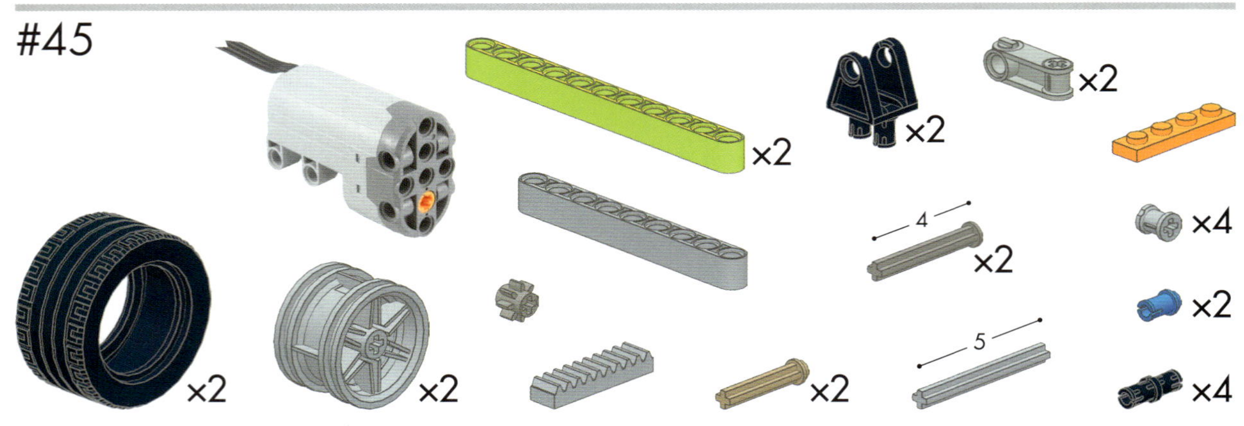

#46

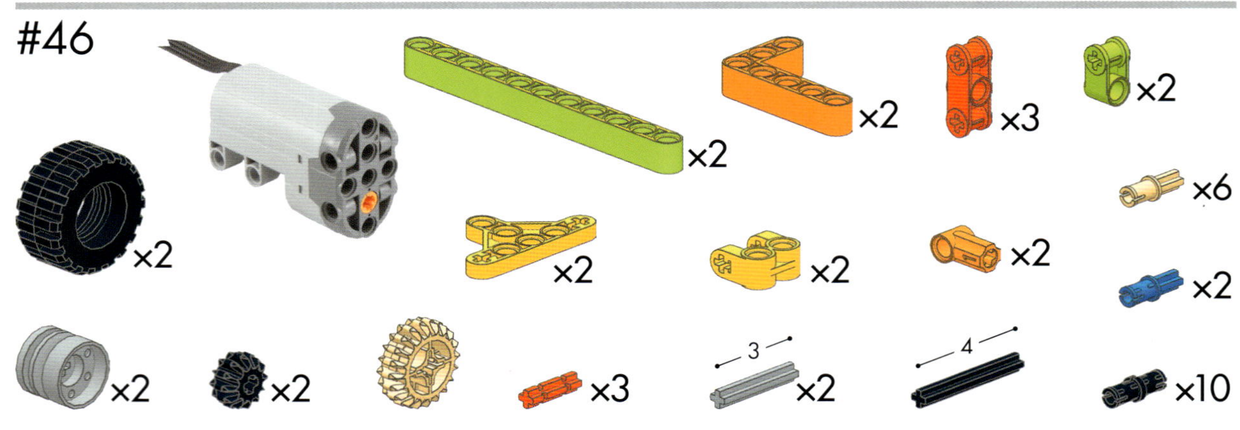

#47

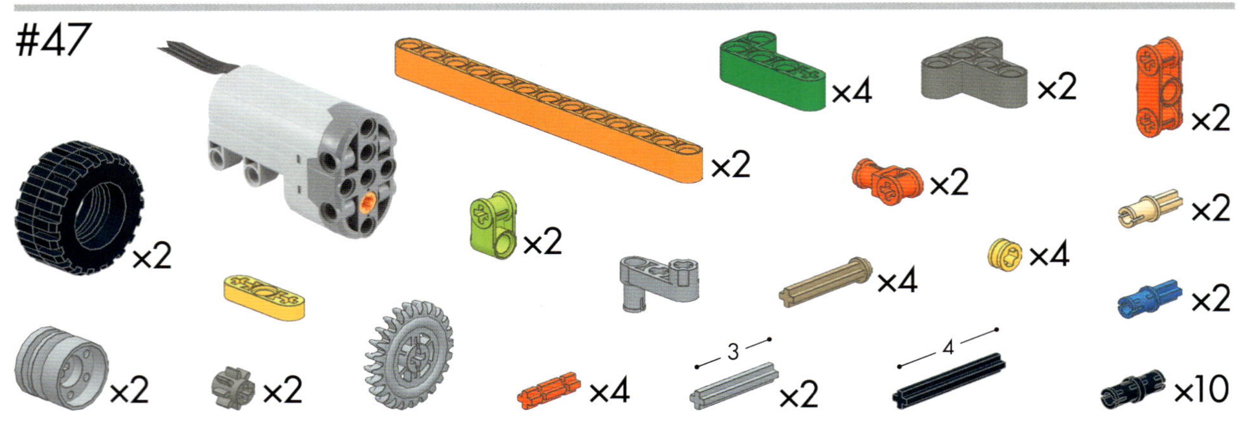

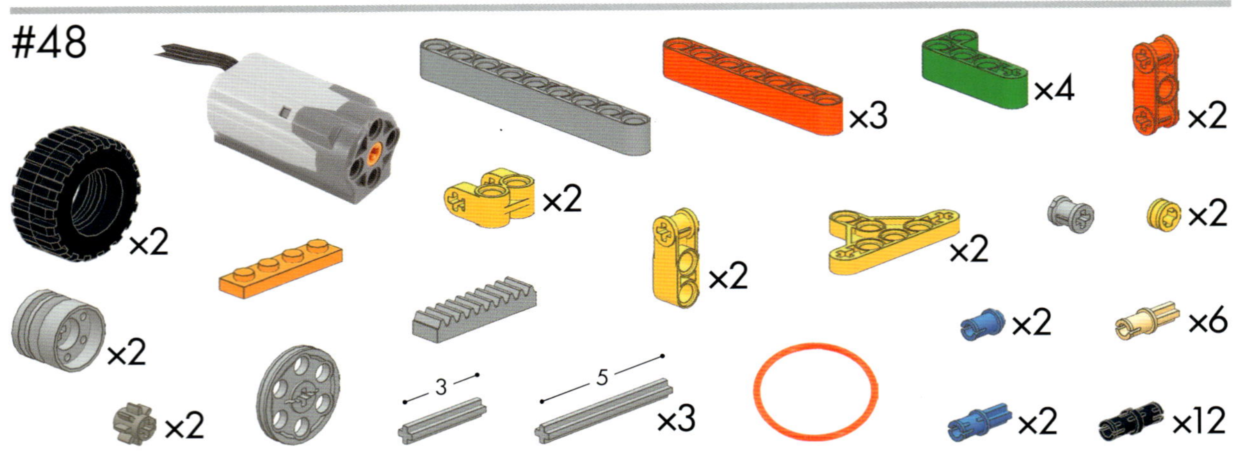

#49

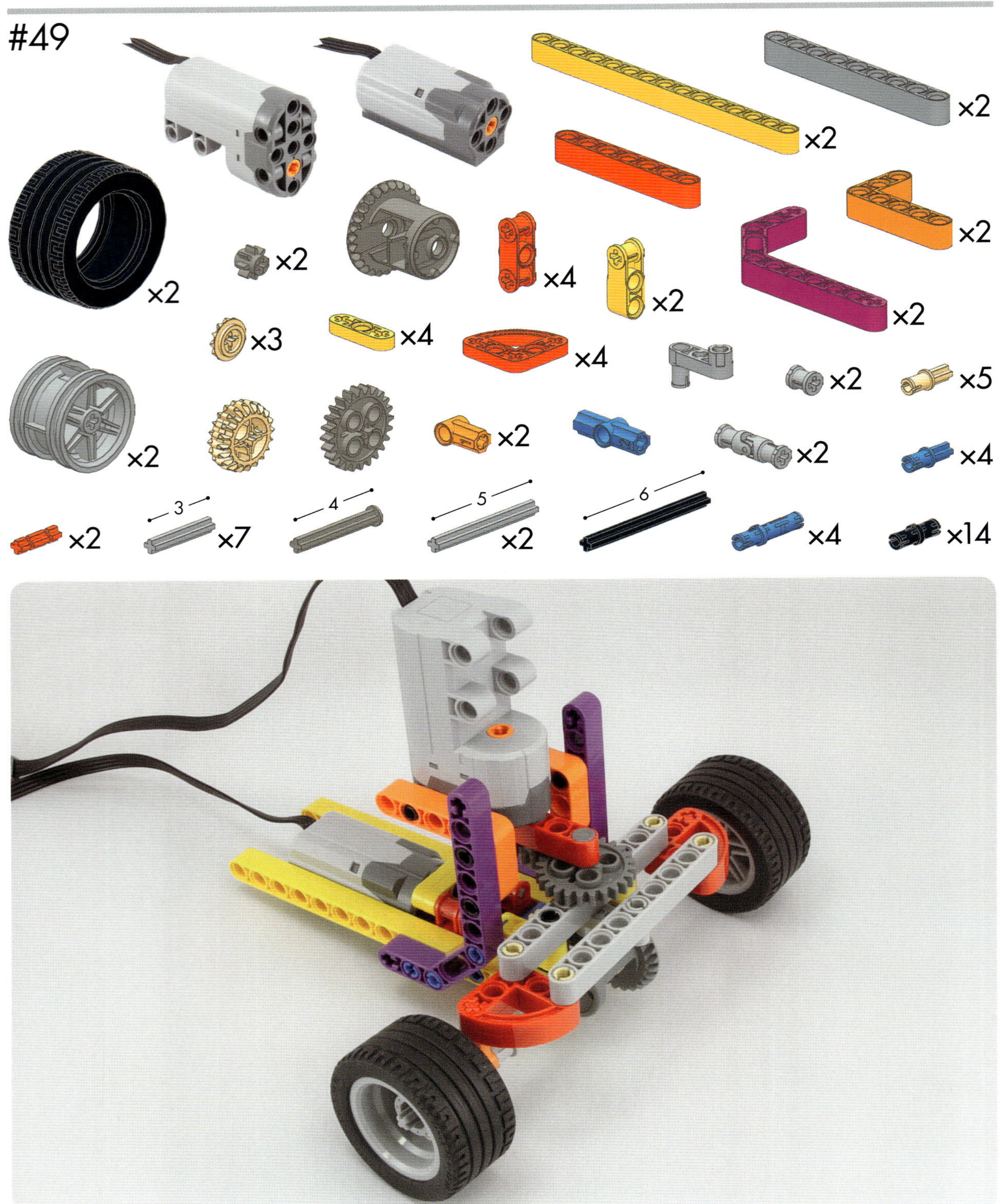

차동(디퍼런셜) 기어

#50

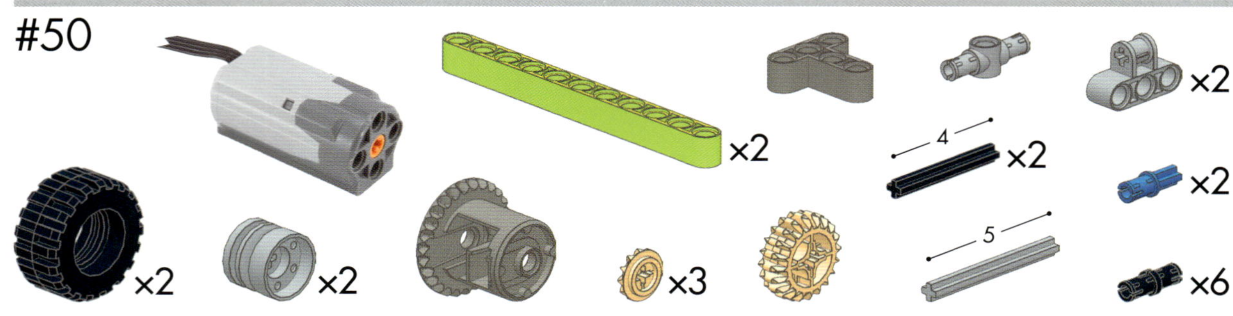

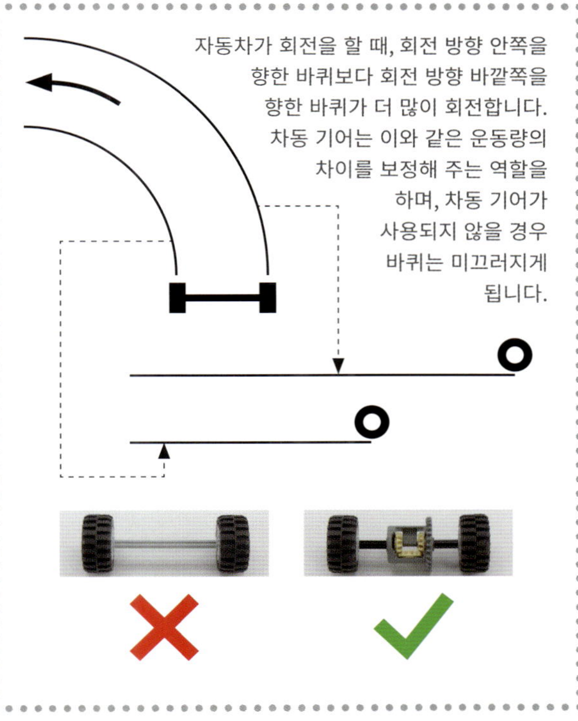

자동차가 회전을 할 때, 회전 방향 안쪽을 향한 바퀴보다 회전 방향 바깥쪽을 향한 바퀴가 더 많이 회전합니다. 차동 기어는 이와 같은 운동량의 차이를 보정해 주는 역할을 하며, 차동 기어가 사용되지 않을 경우 바퀴는 미끄러지게 됩니다.

#51

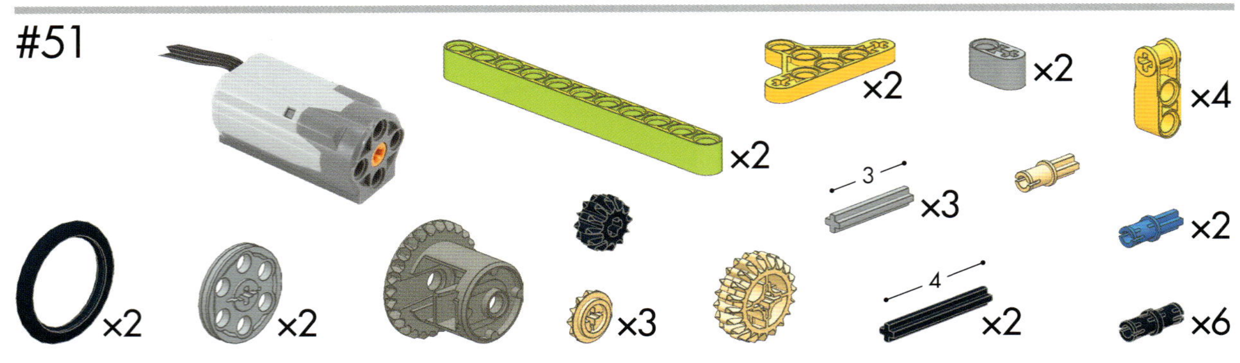

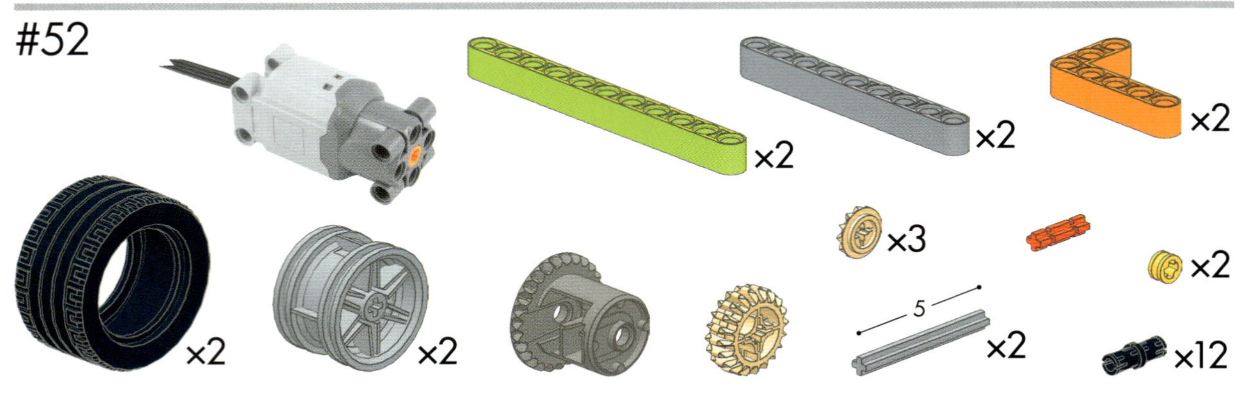

#53
×2
×2
×3
×2
×2
4
5
×2
×2
×2
×4

#54

#55

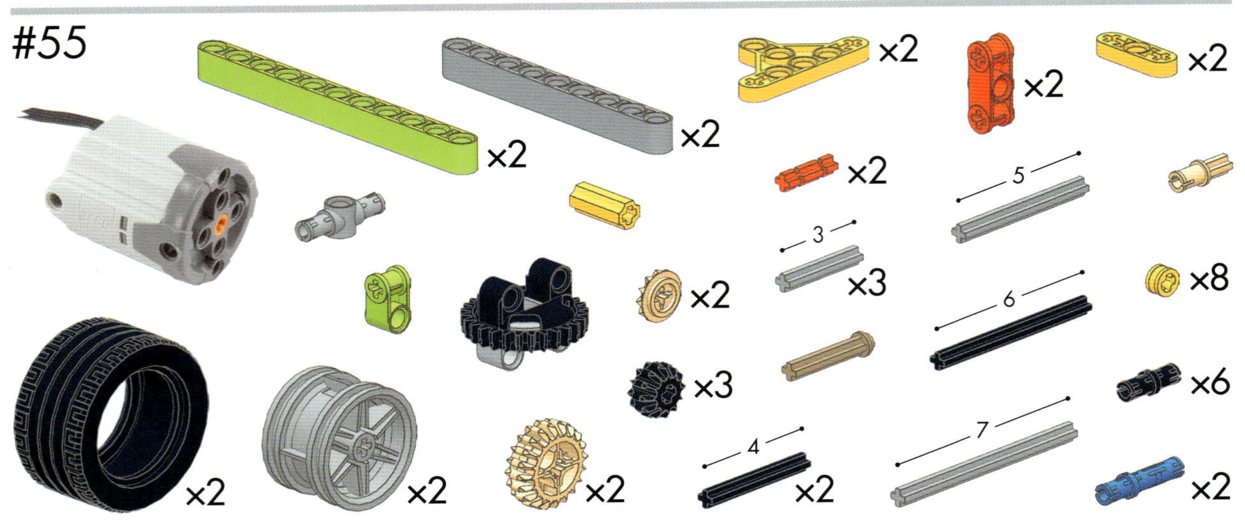

#56

무한궤도 차량

#57

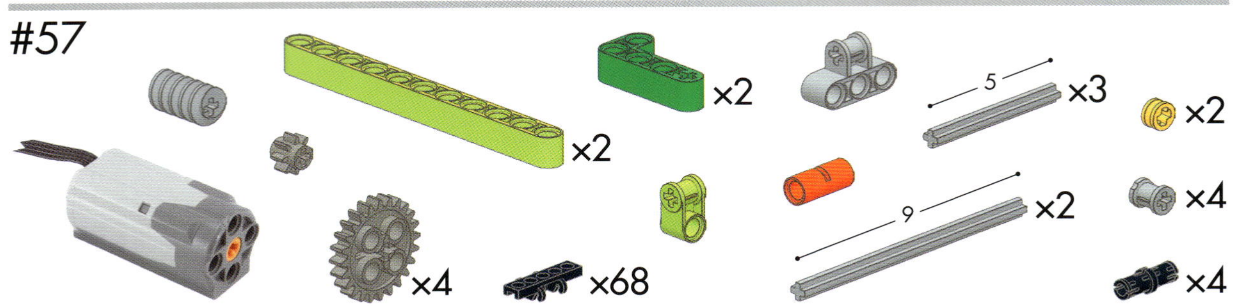

#58

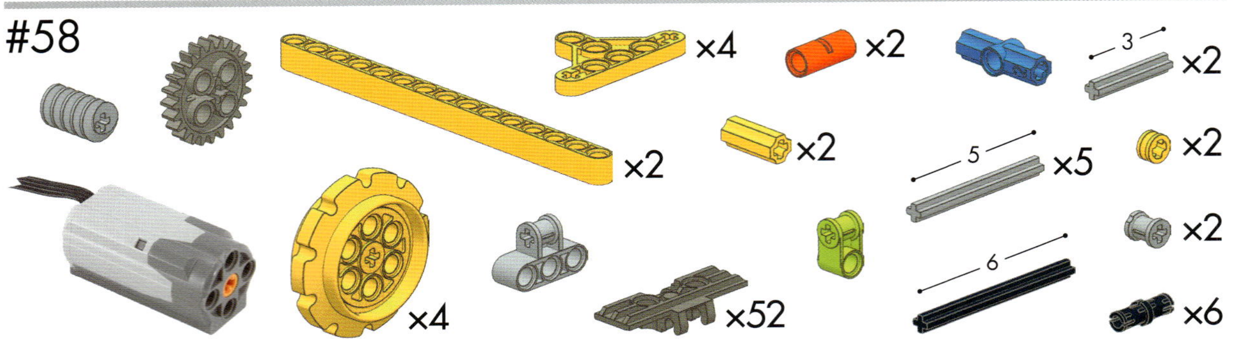

#59

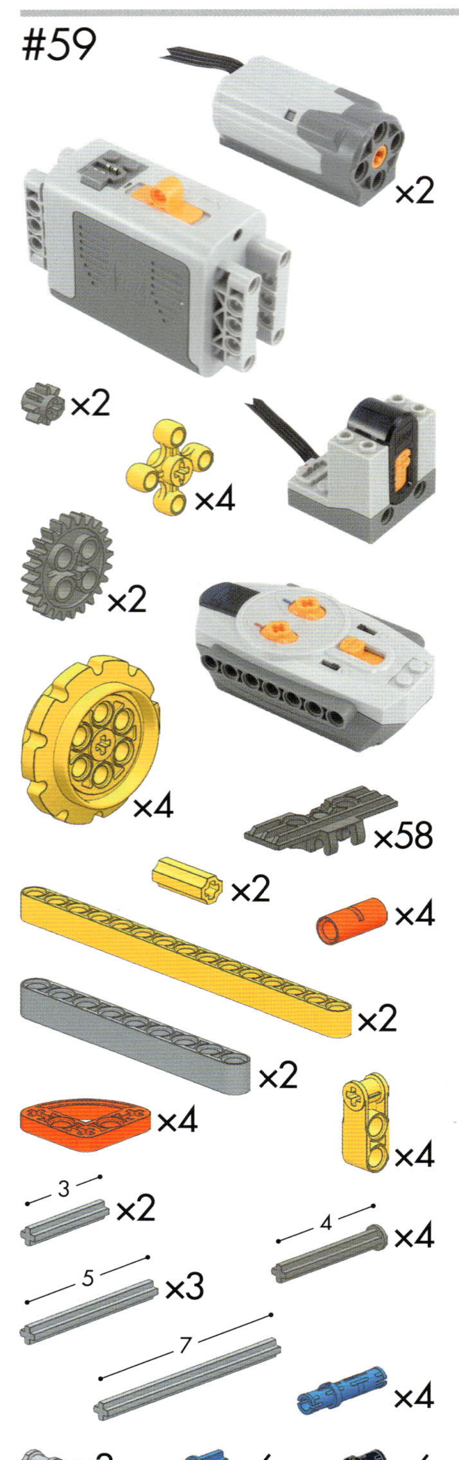

×2

×2

×4

×2

×4

×58

×2

×4

×2

×2

×4

×4

3 ×2

4 ×4

5 ×3

7

×4

×3   ×6   ×6

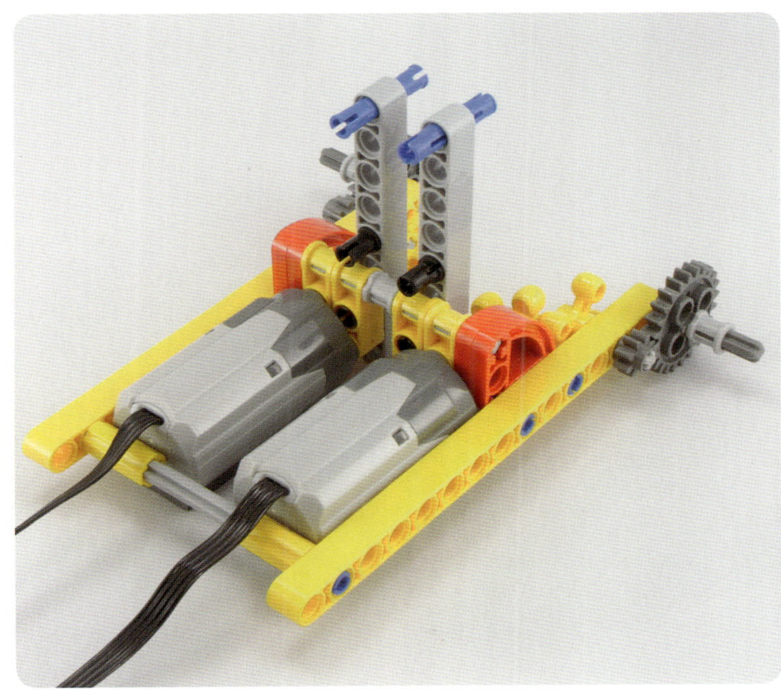

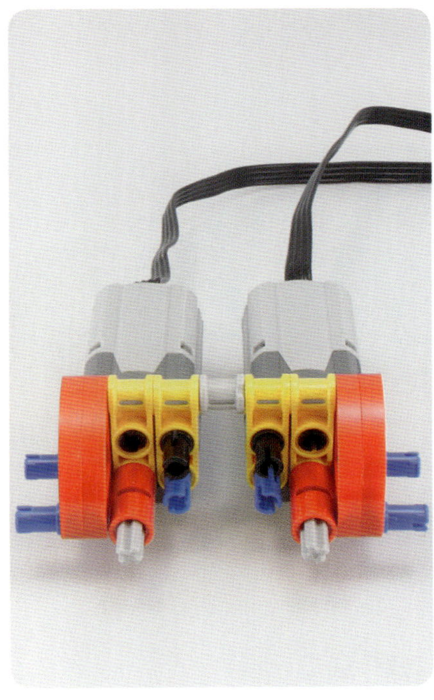

#60

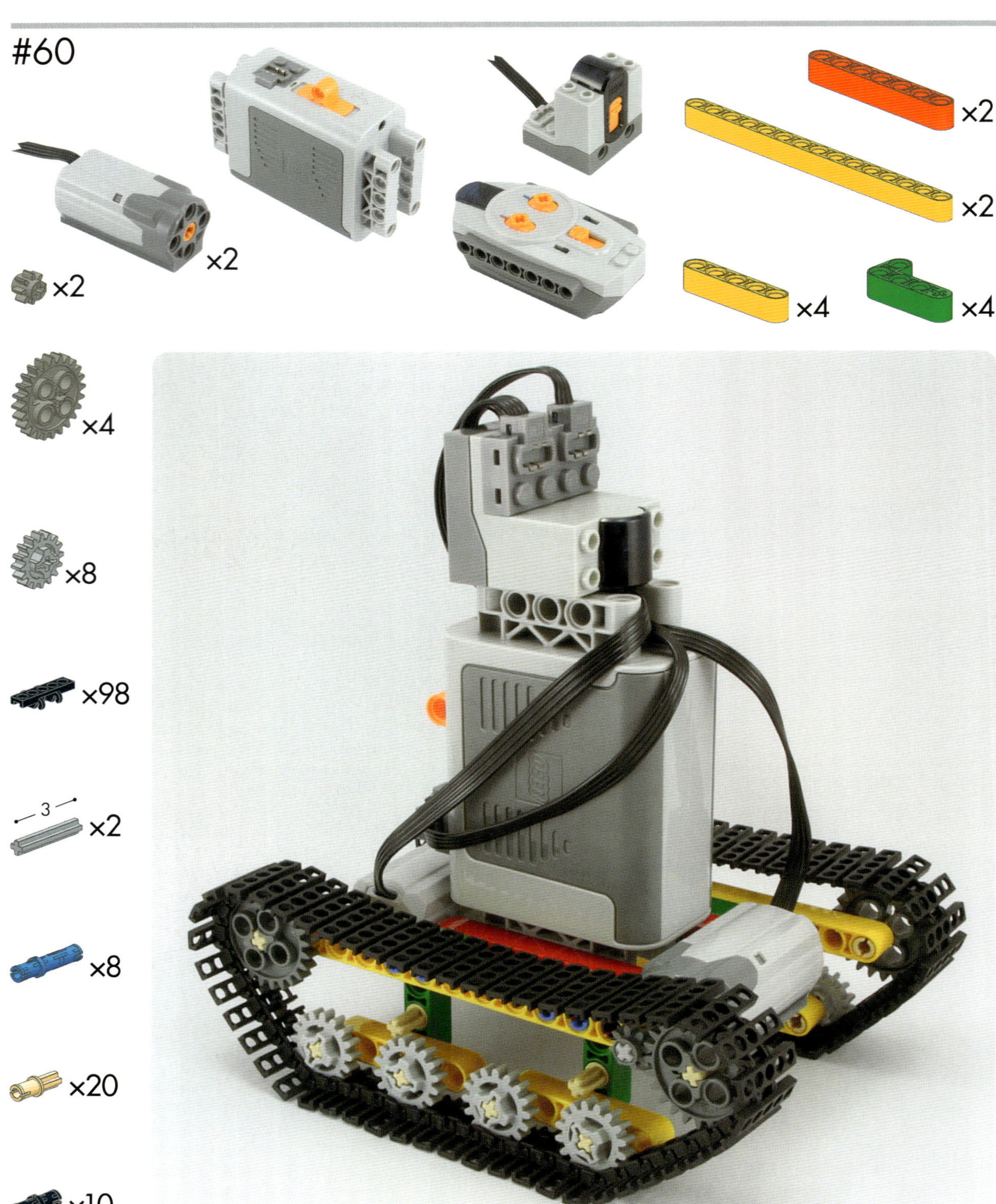

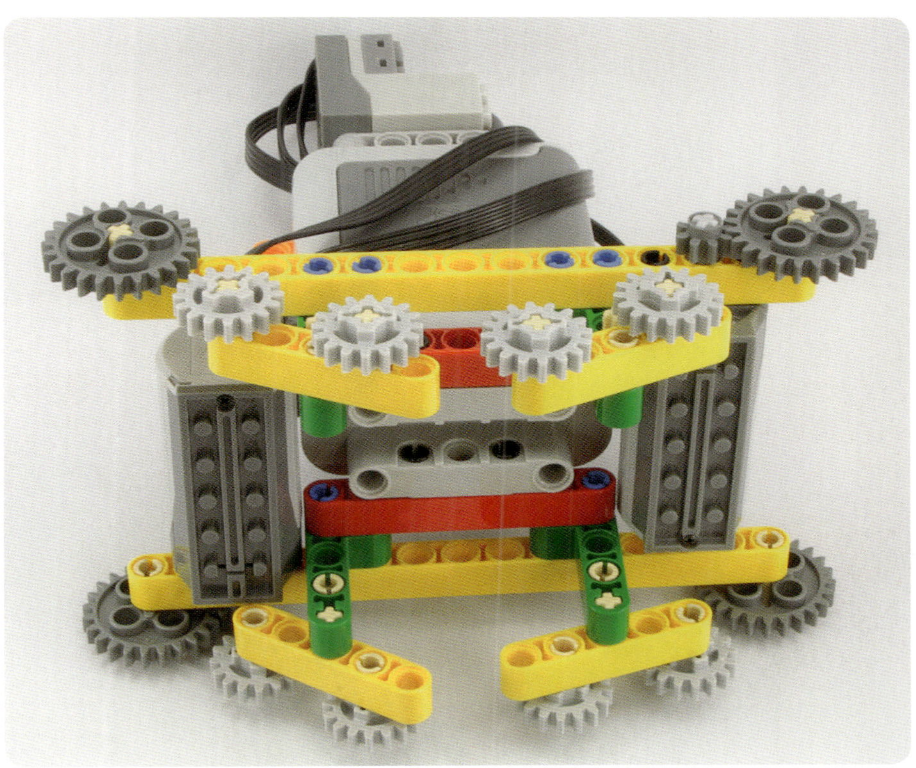

#61
×2
×2
×4
×2
×2
×3
×2
×2
×54
×2
×5
×2
×2
×2
3
×4
4
5
×3
×2
×2
×4
×3
×6
×2
×4
×24

자동차에 장착된 회전하는 장치

#62

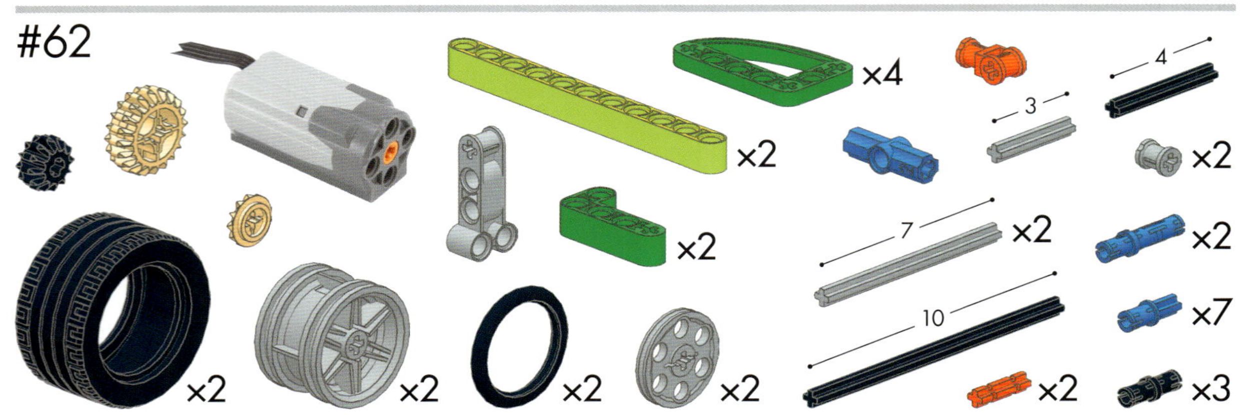

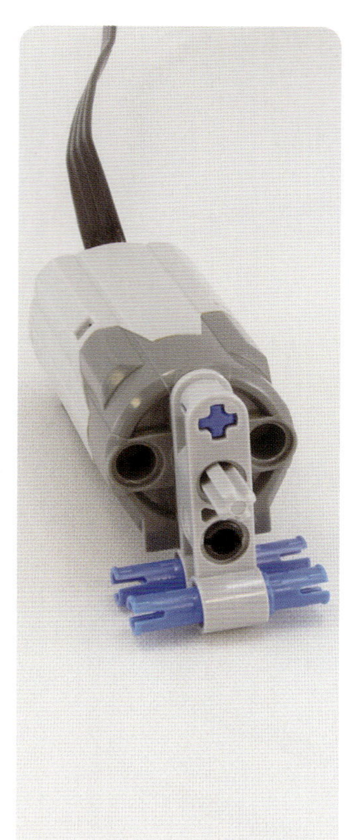

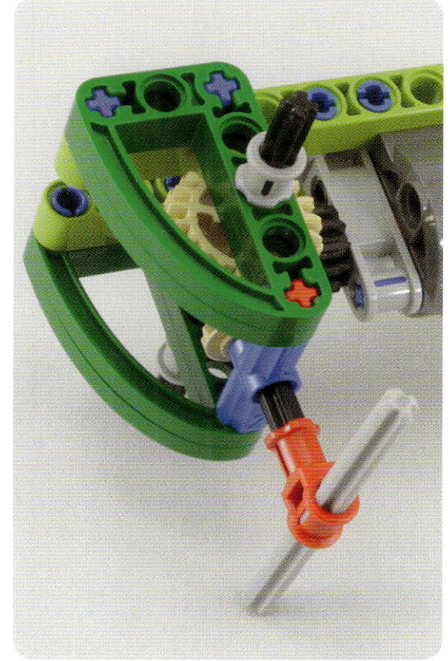

#63

#64

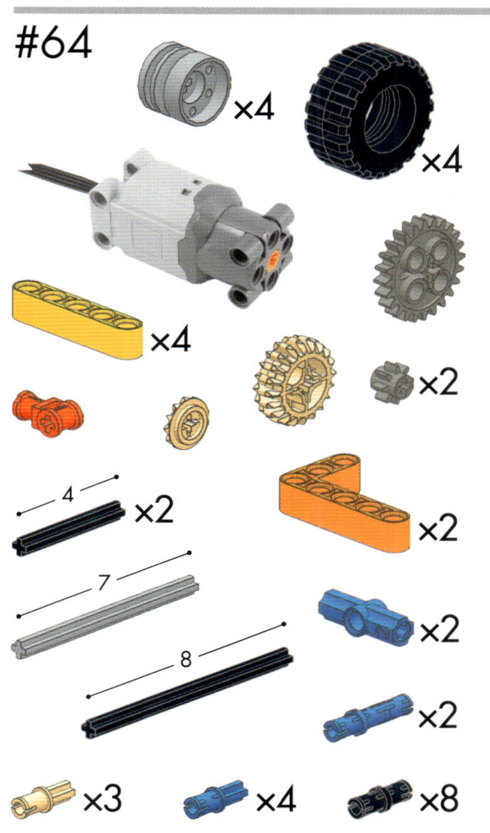

#65

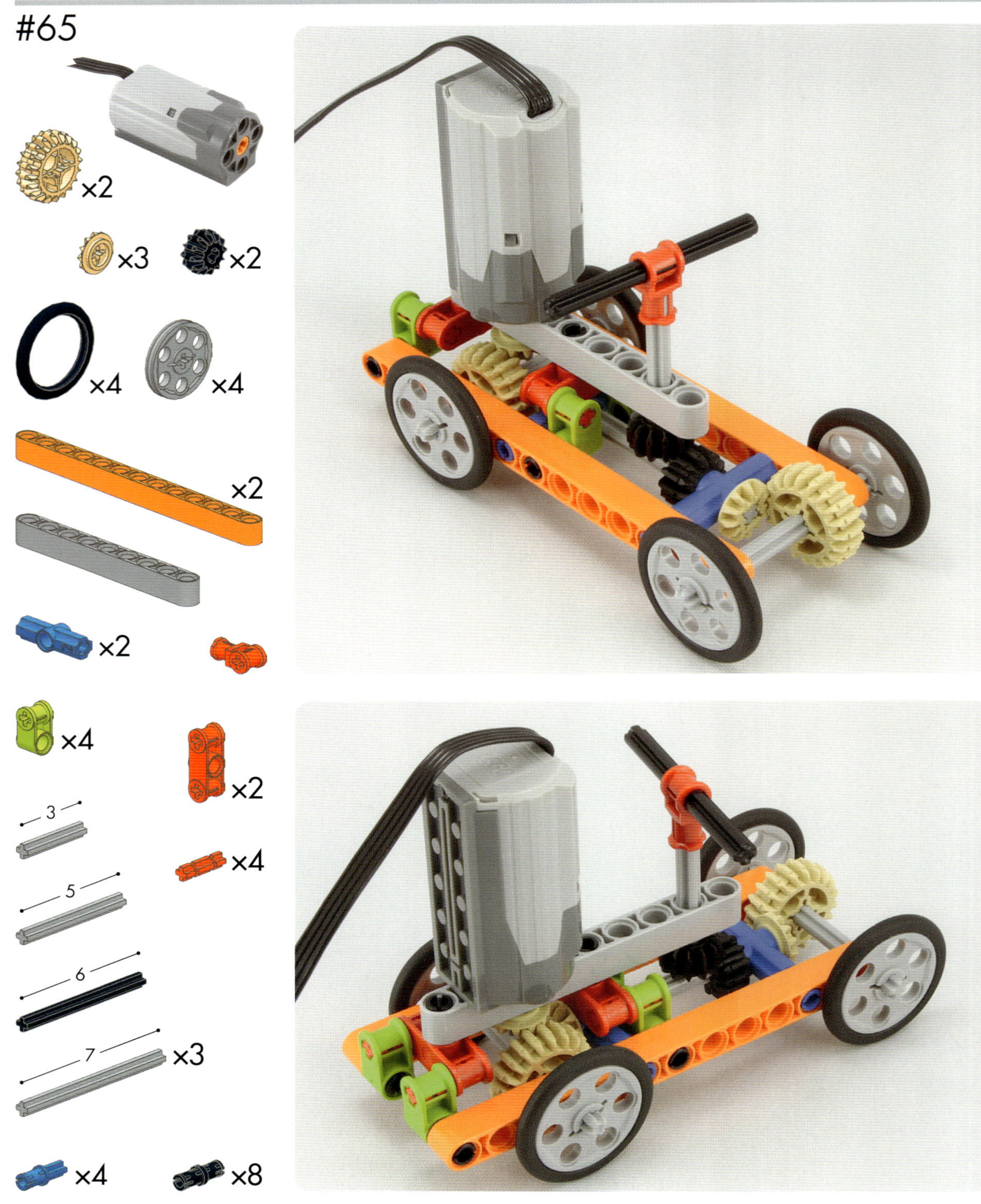

#66

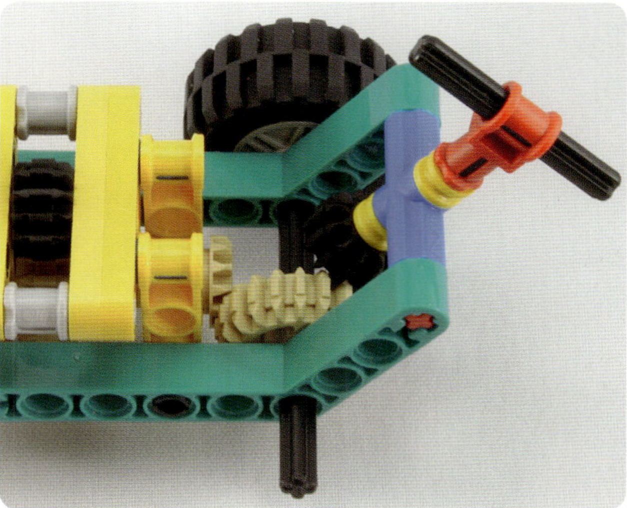

#67

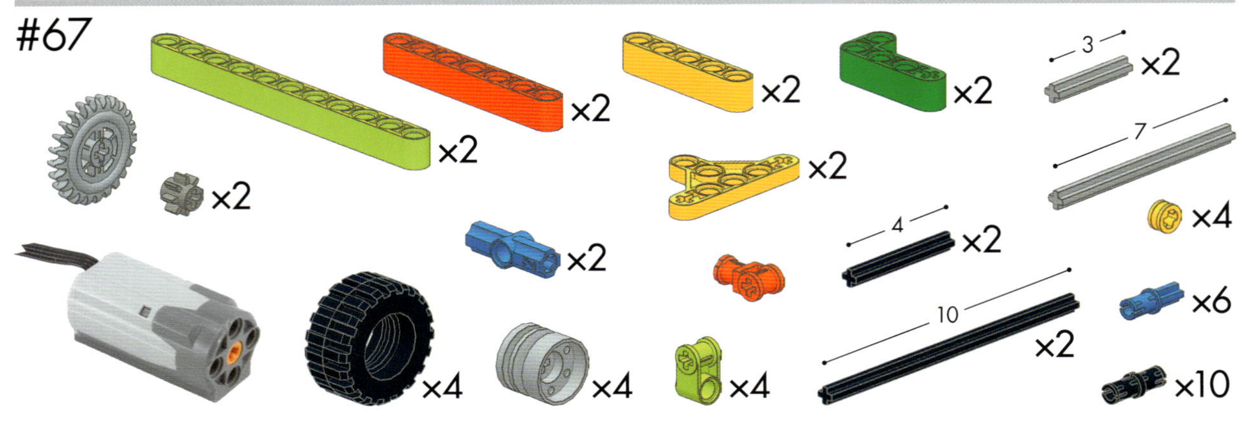

#68

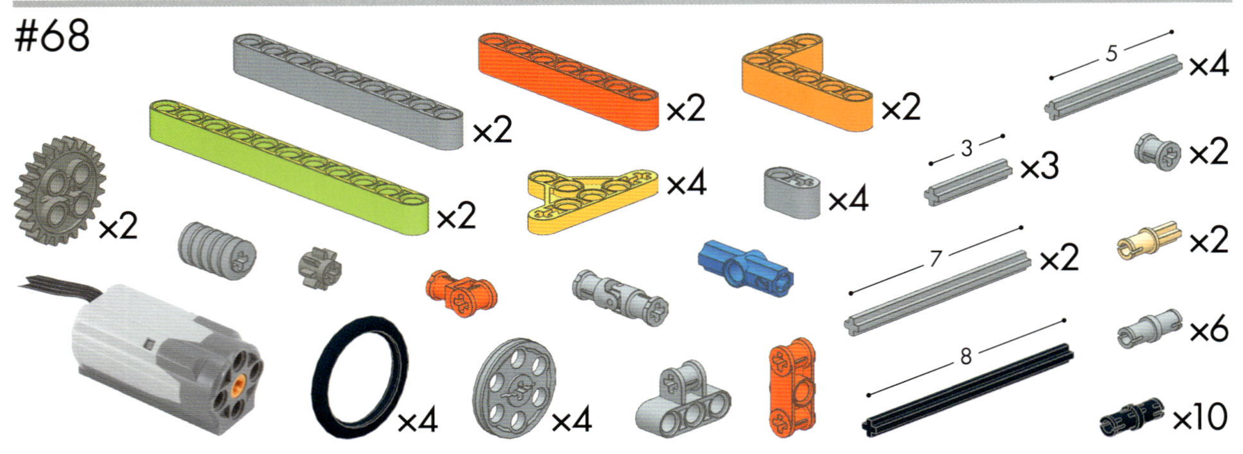

자동차에 장착된 움직이는 장치

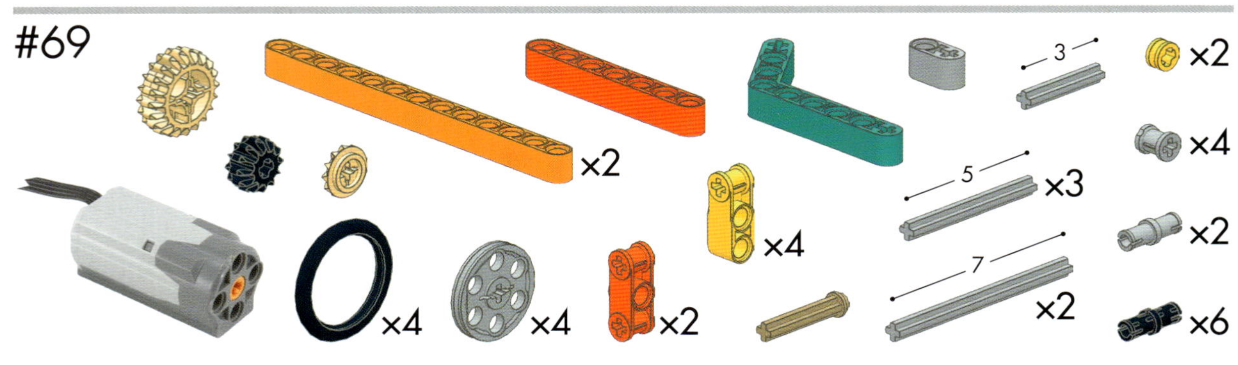

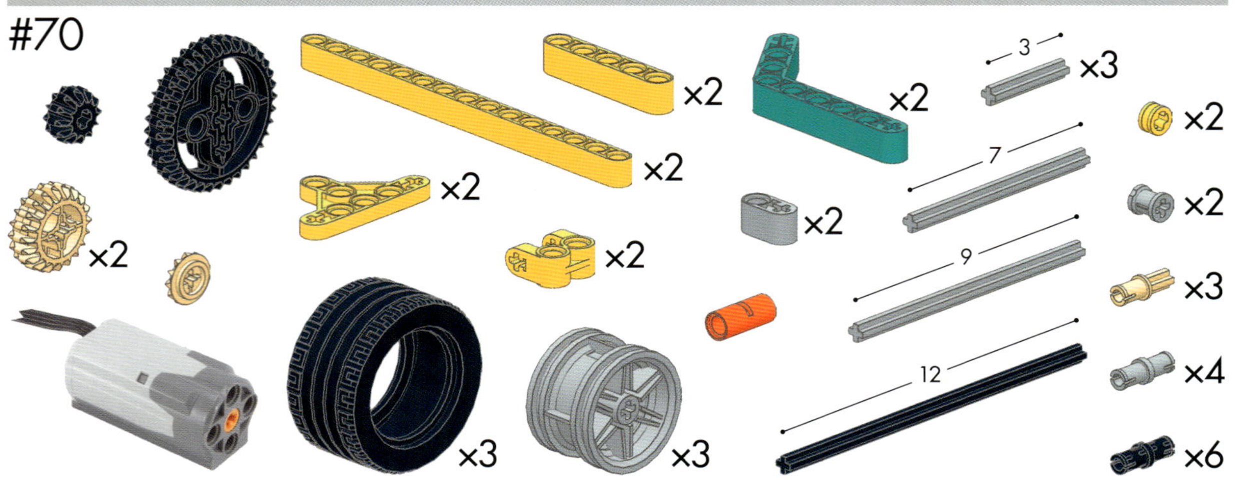

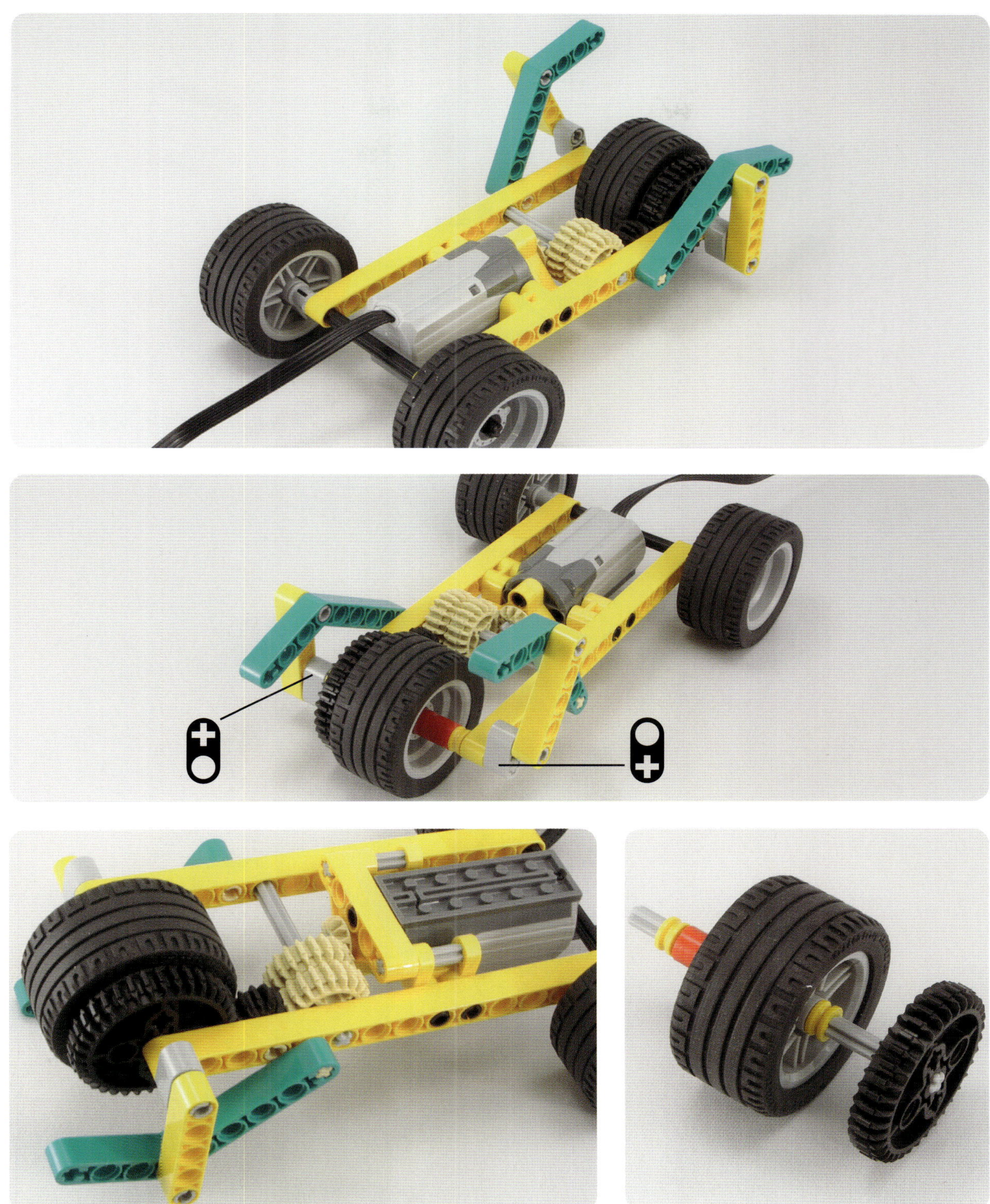

#71

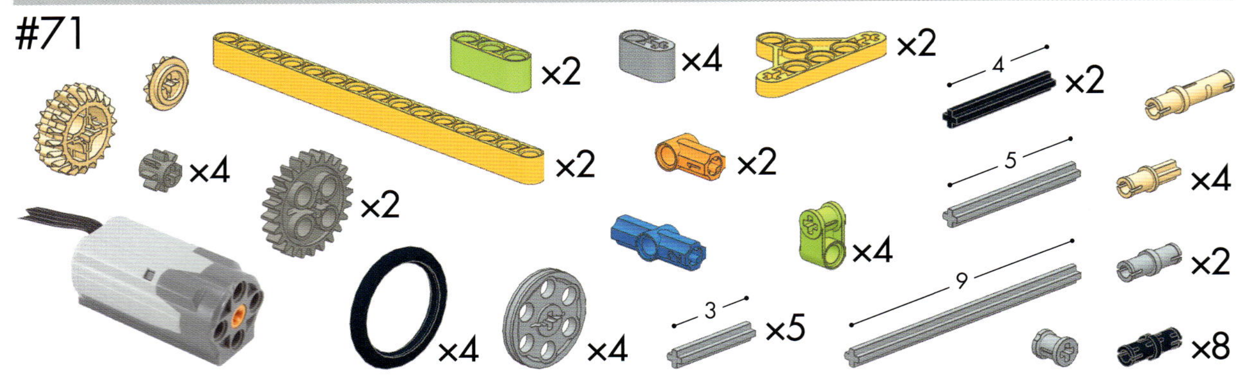

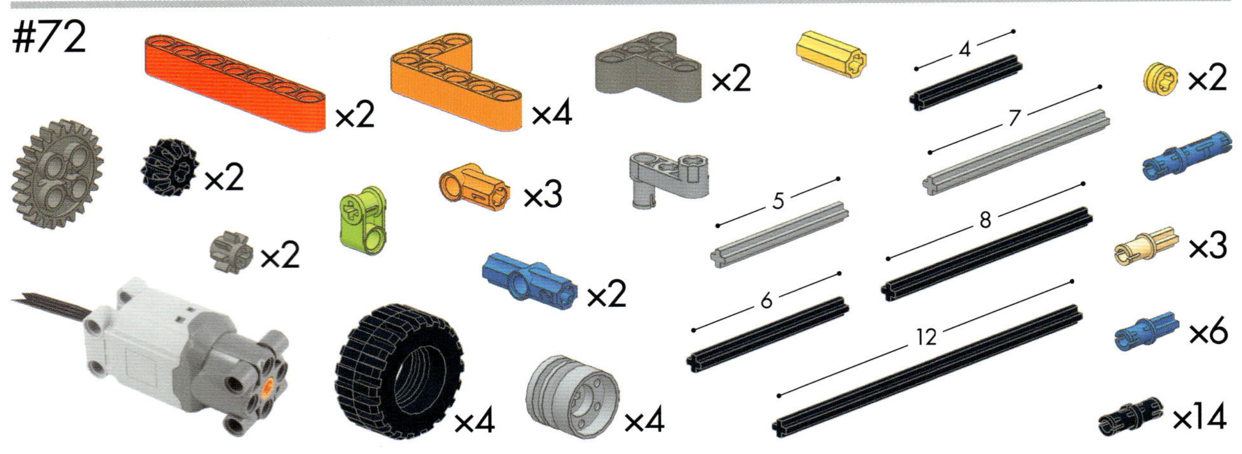

#72

#73

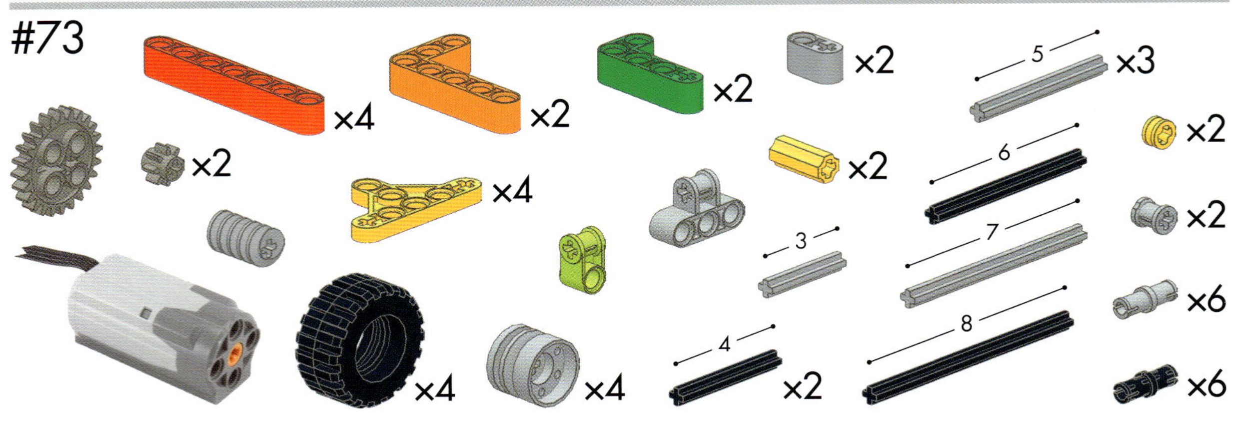

완충 장치(서스펜션)가
적용된 자동차

#74

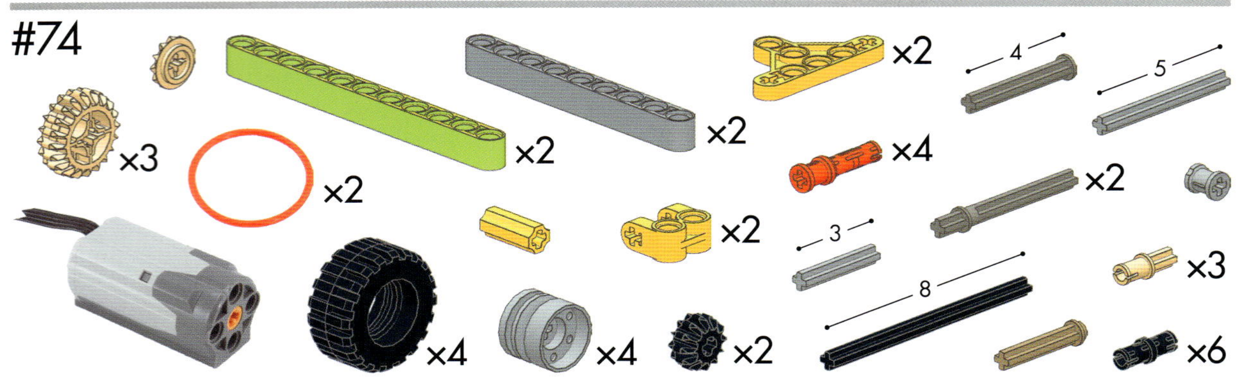

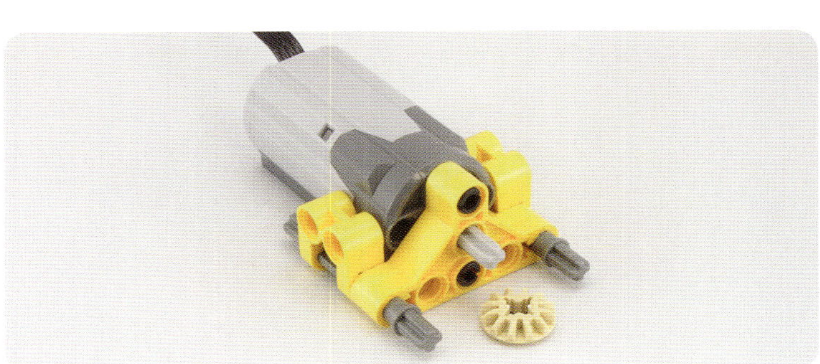

#75

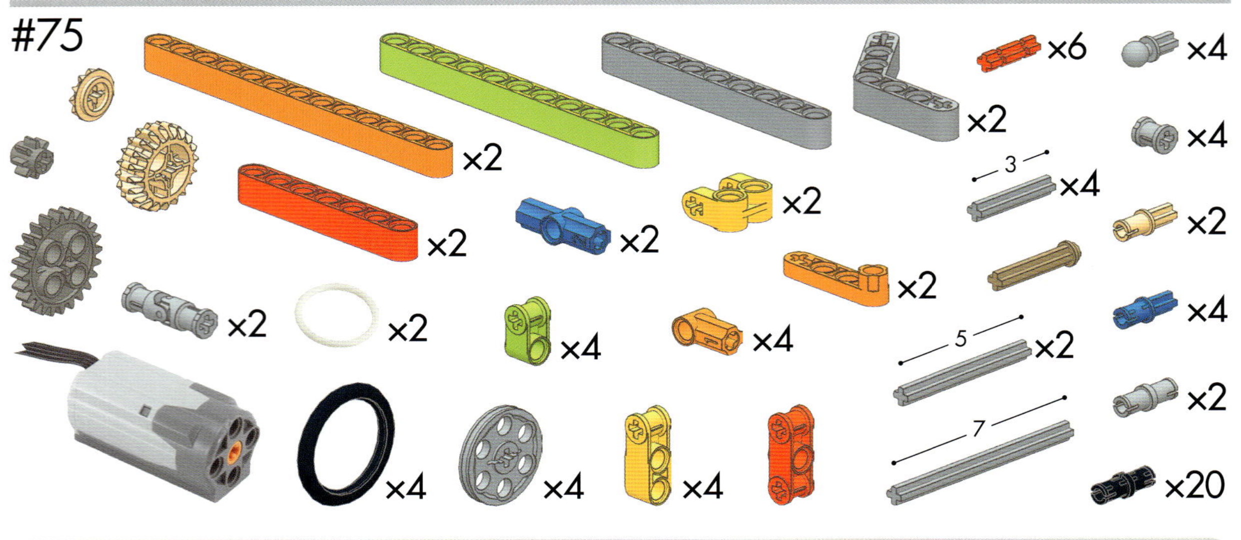

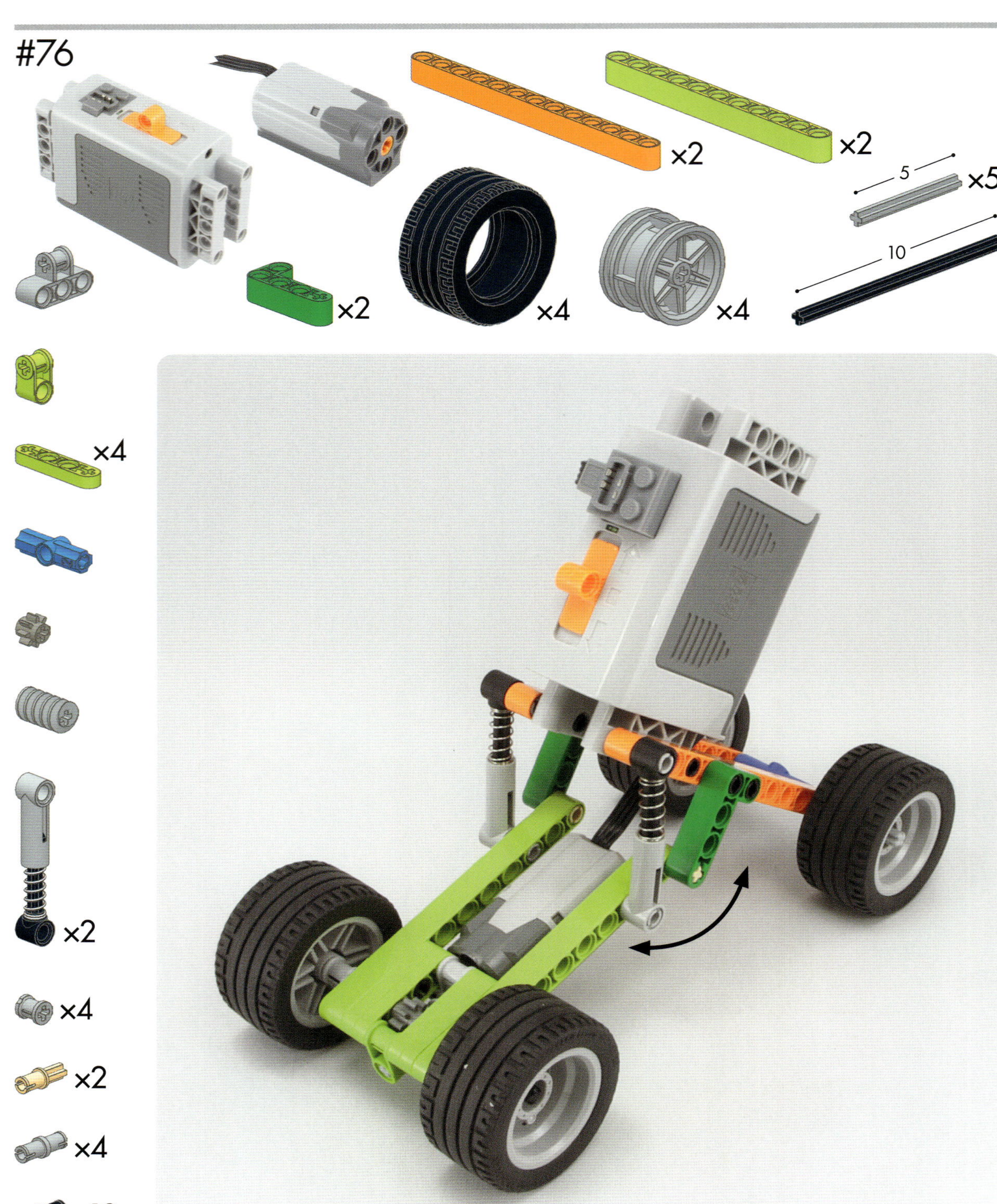

#76
×2
×2
×2
×5
5
10
×2
×4
×4
×4
×4
×2
×4
×2
×4
×12

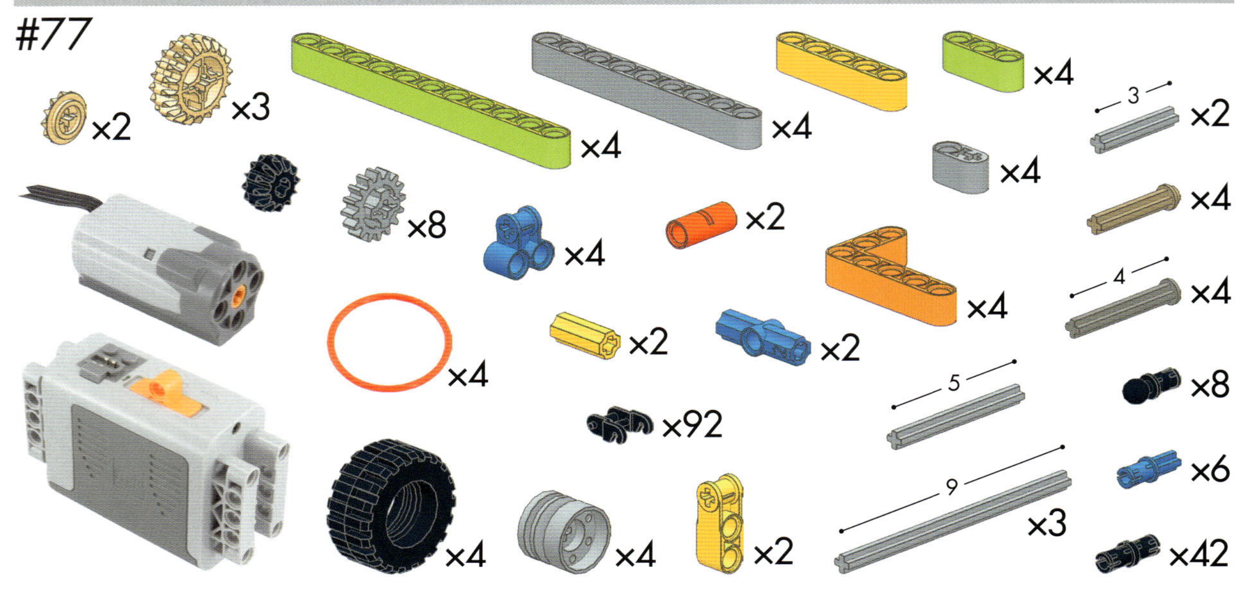

#77
×2
×3
×4
×4
×4
×4
×8
×2
×4
×4
3
×2
×4
4
×4
×2
×2
×4
5
×8
×6
9
×3
×42
×92
×4
×4
×2

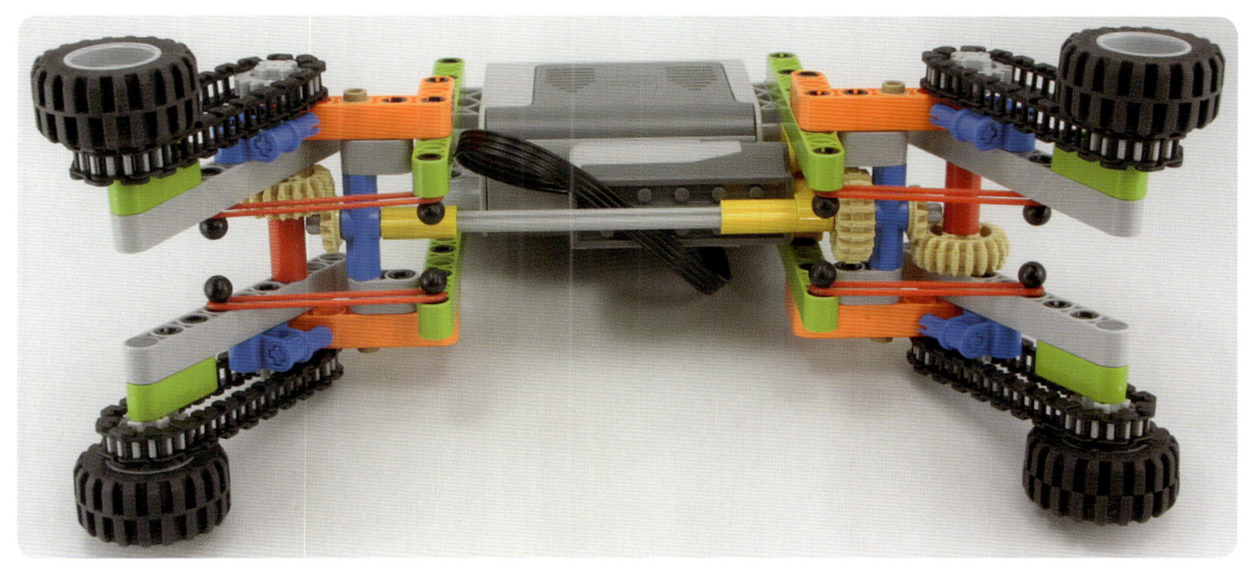

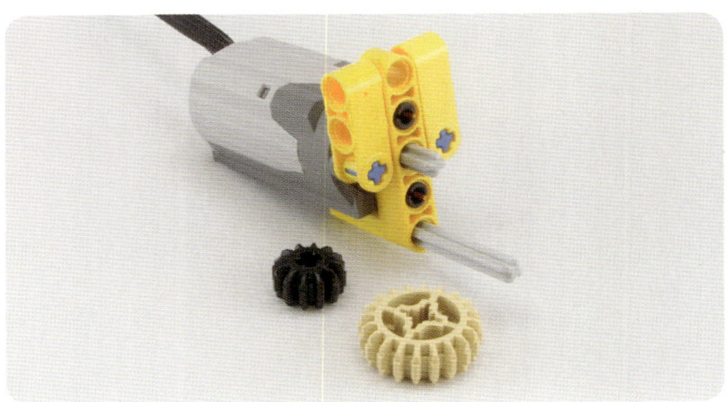

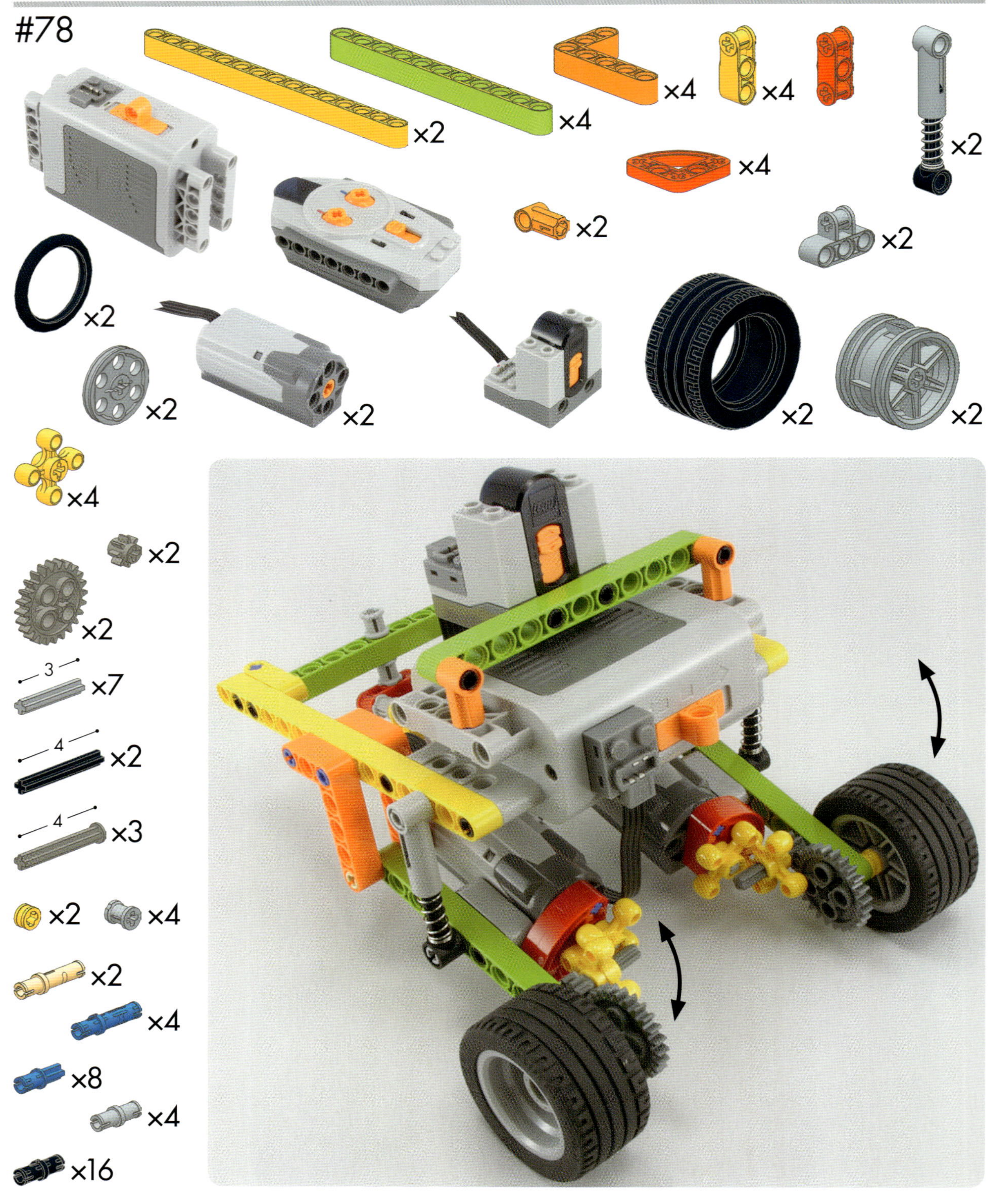

×2
×4
×4
×4
×4
×2
×4
×2
×2
×2
×2
×2
×2
×2
×2
×4
×2
×2
3
×7
4
×2
4
×3
×2
×4
×2
×4
×8
×4
×16

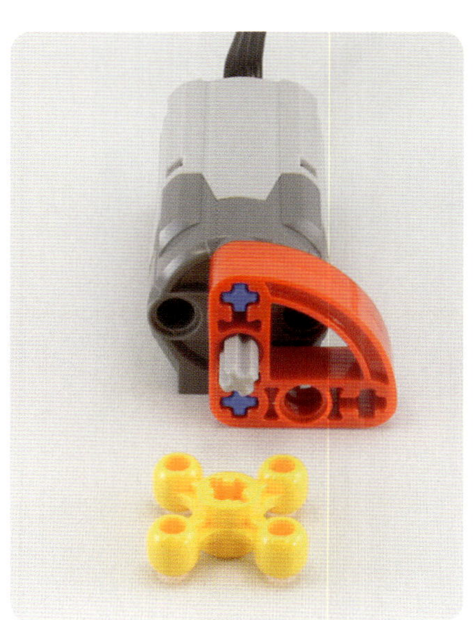

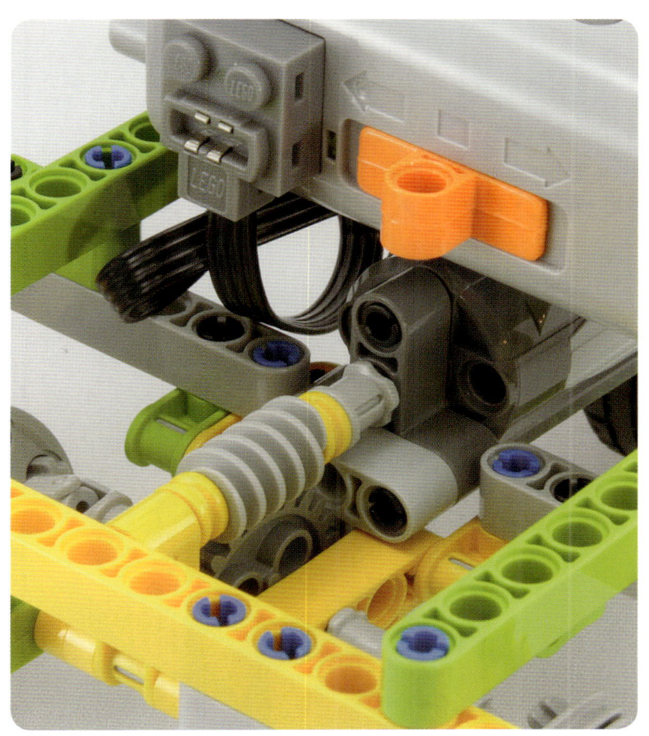

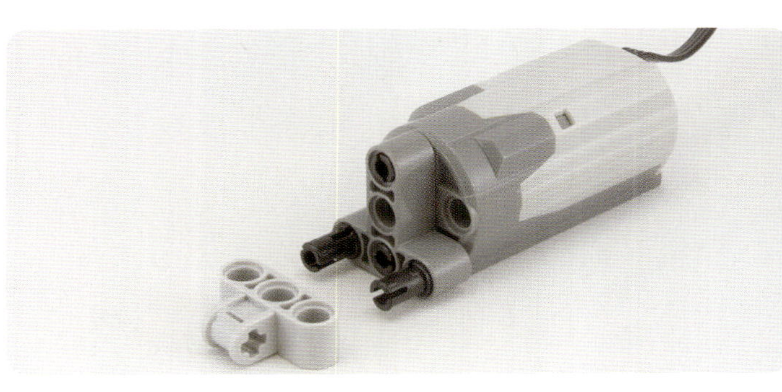

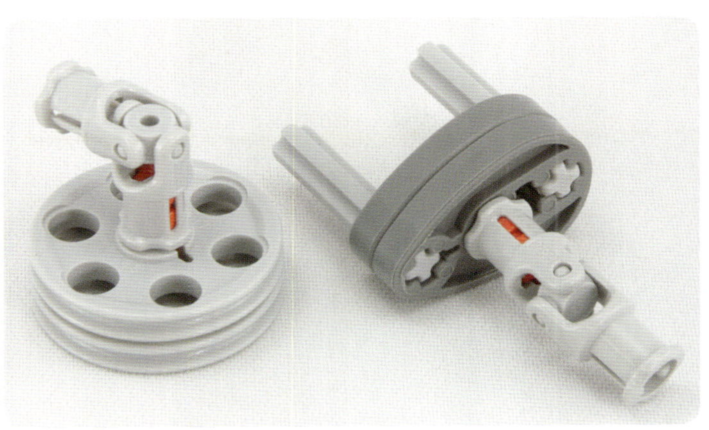

 작은 자동차에 맞게 모듈식으로 설계된 다섯 종류의 차체

#80

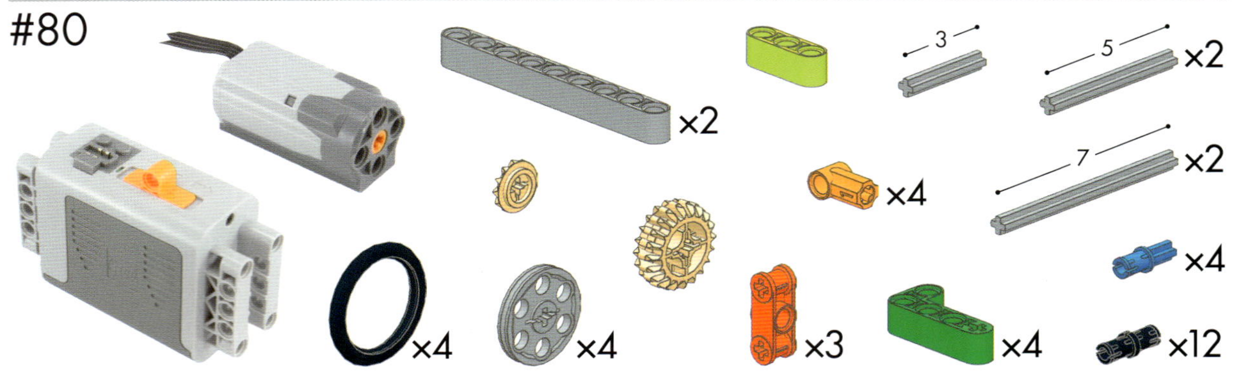

#81

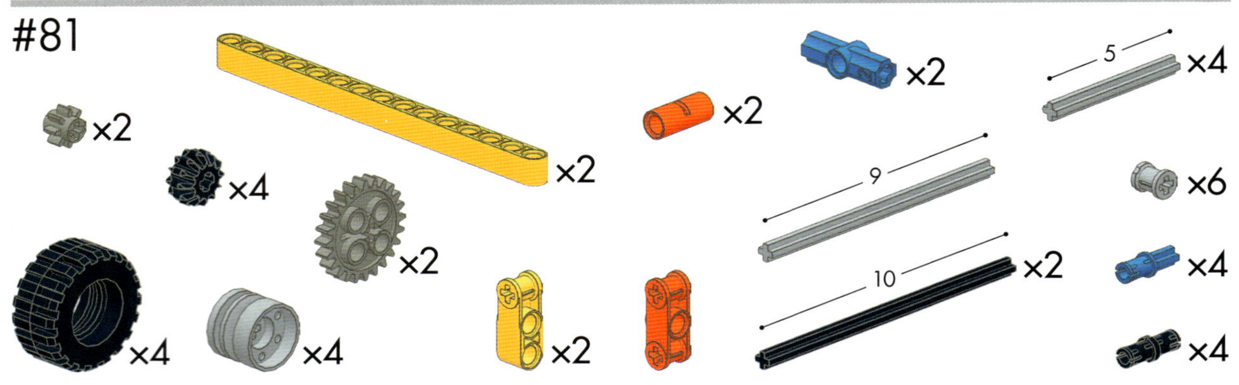

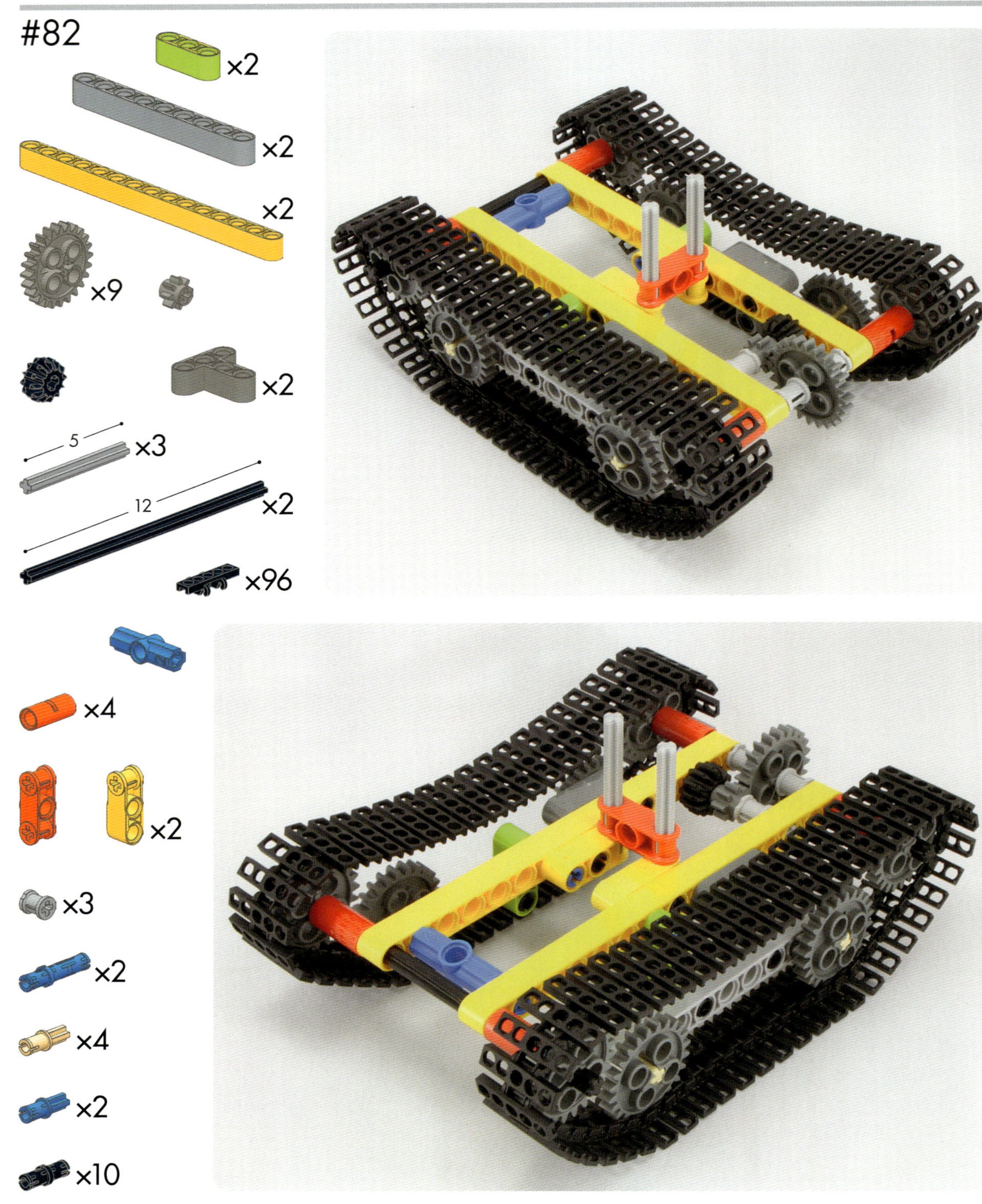

#82
×2
×2
×2
×9
×2
5 ×3
12 ×2
×96
×4
×2
×3
×2
×4
×2
×10

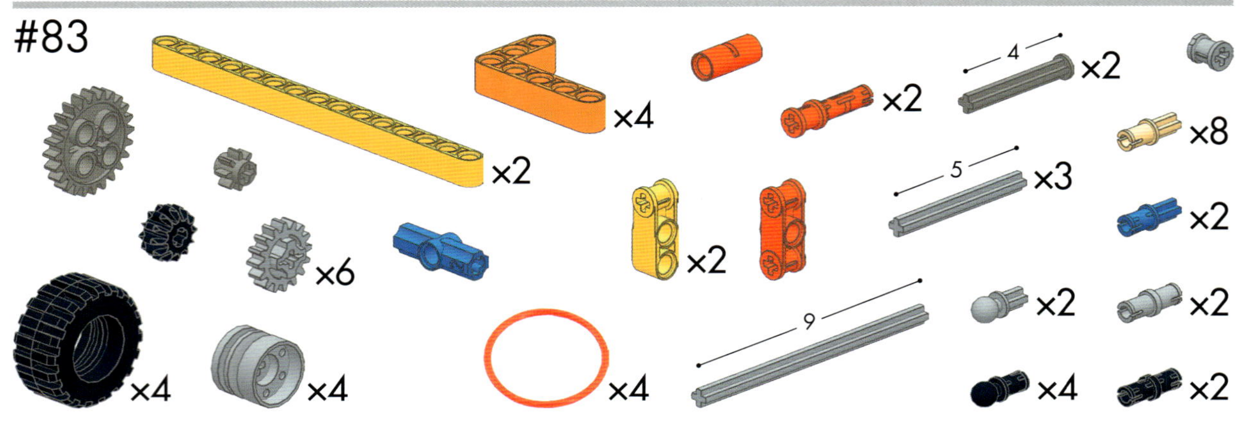

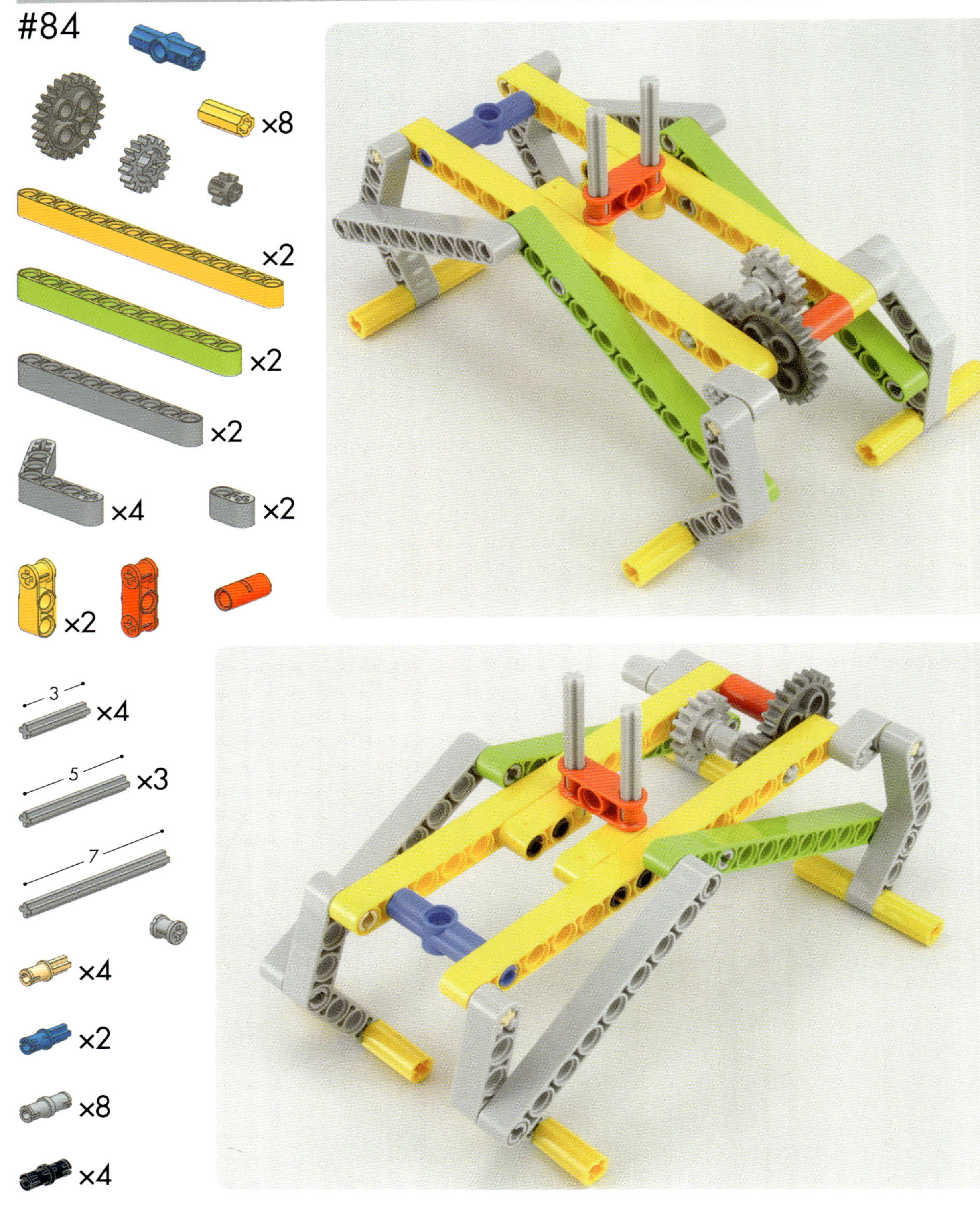

#84
×8
×2
×2
×2
×4
×2
×2
3
×4
5
×3
7
×4
×2
×8
×4

#85

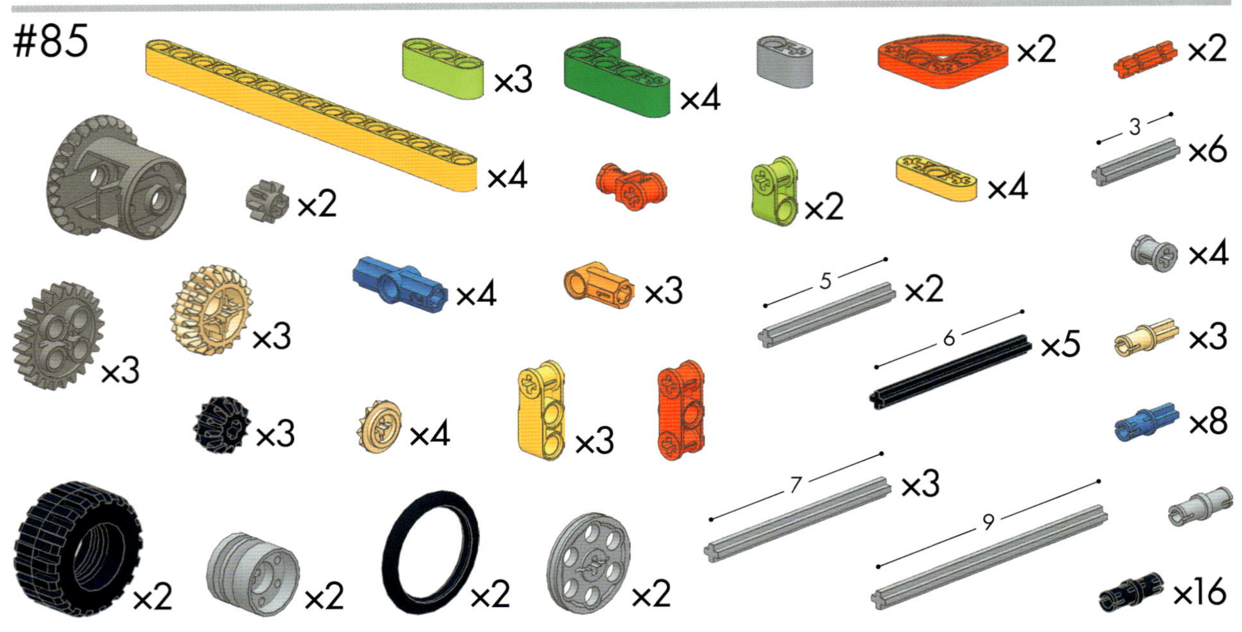

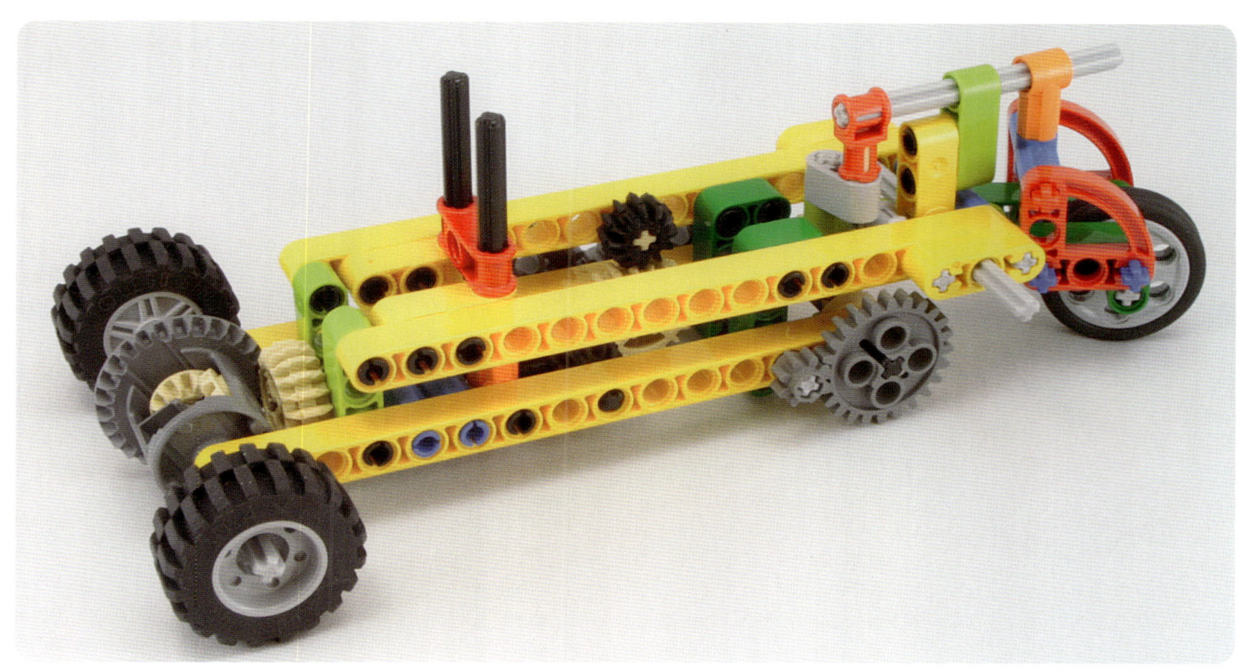

반응하는 자동차

#86

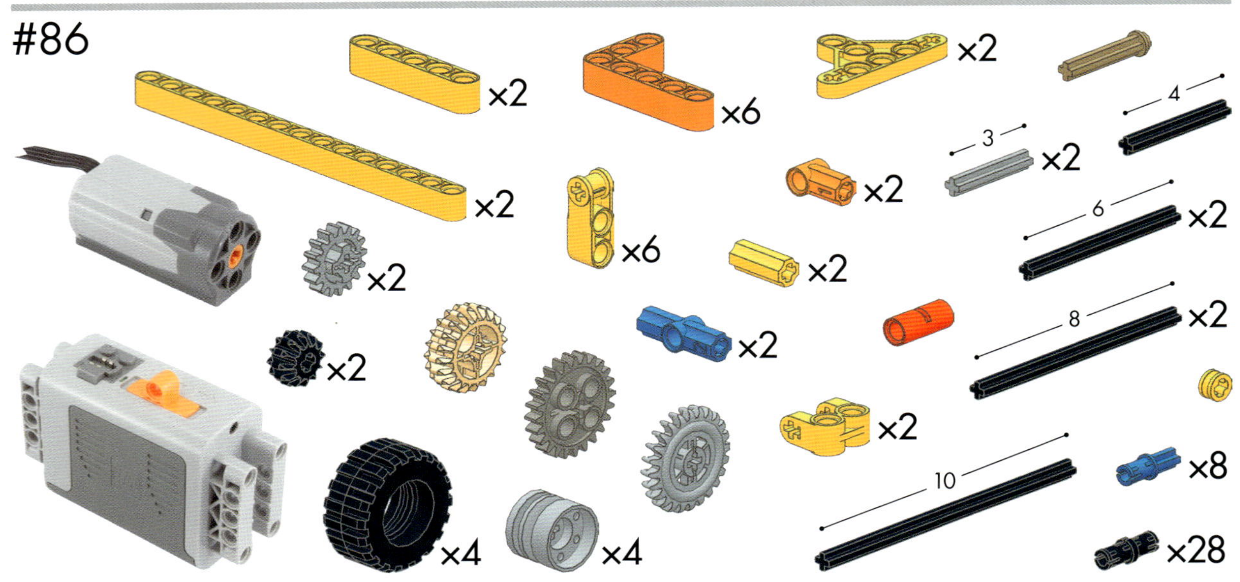

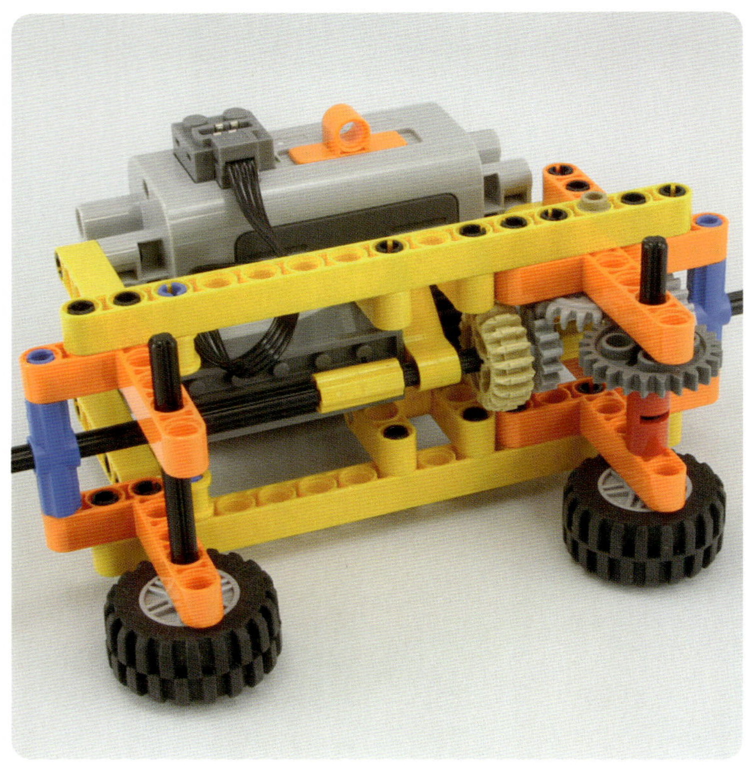

#87

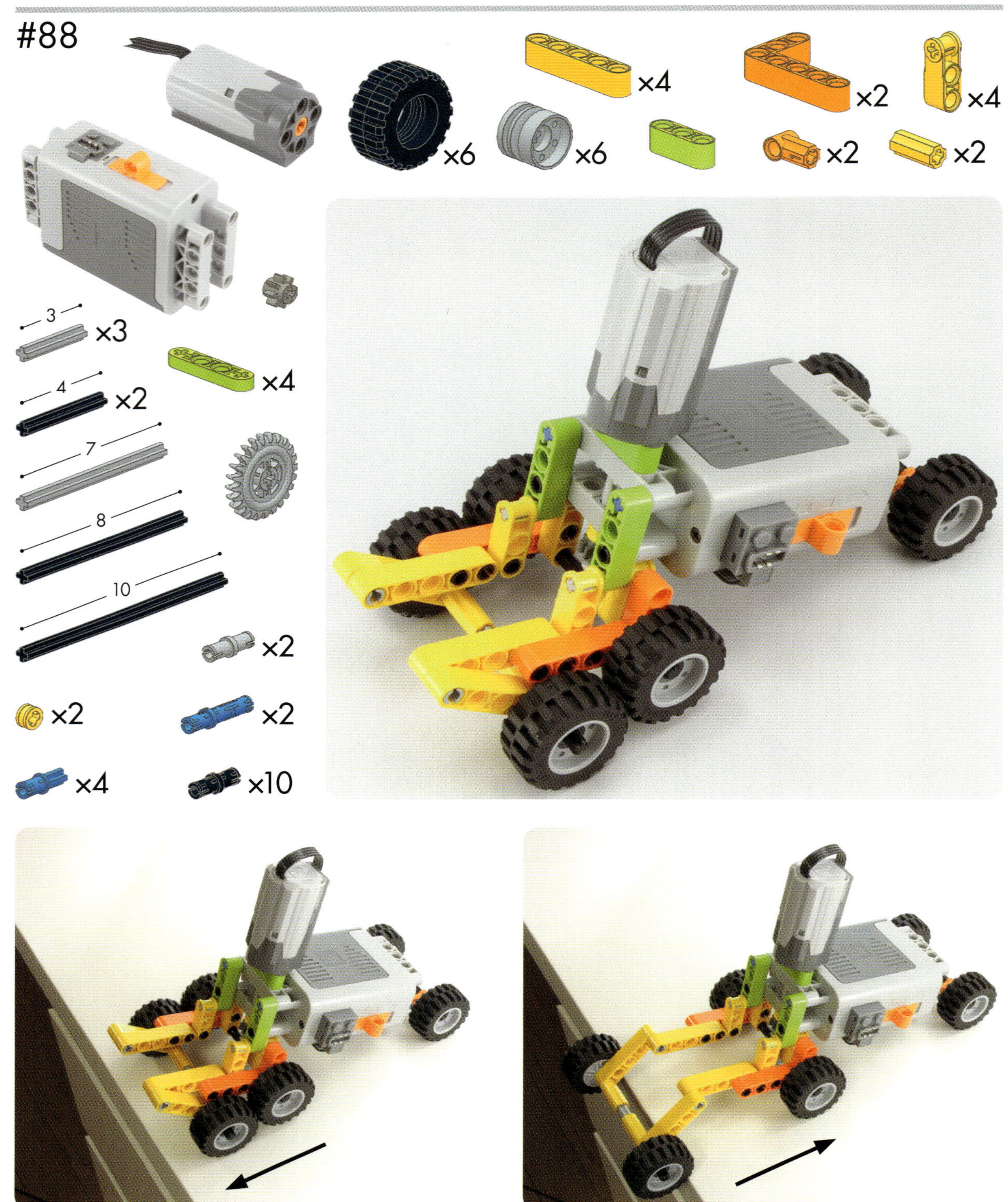

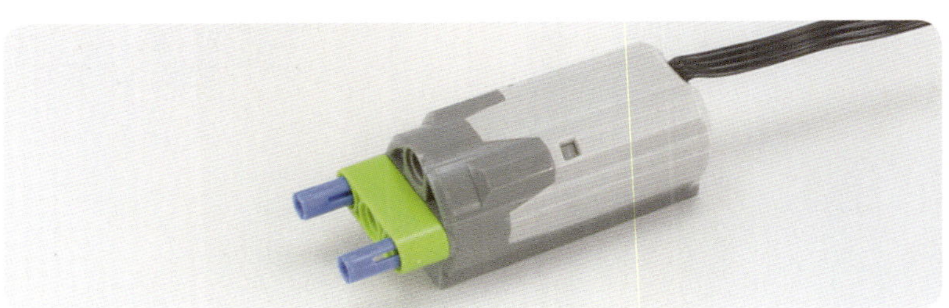

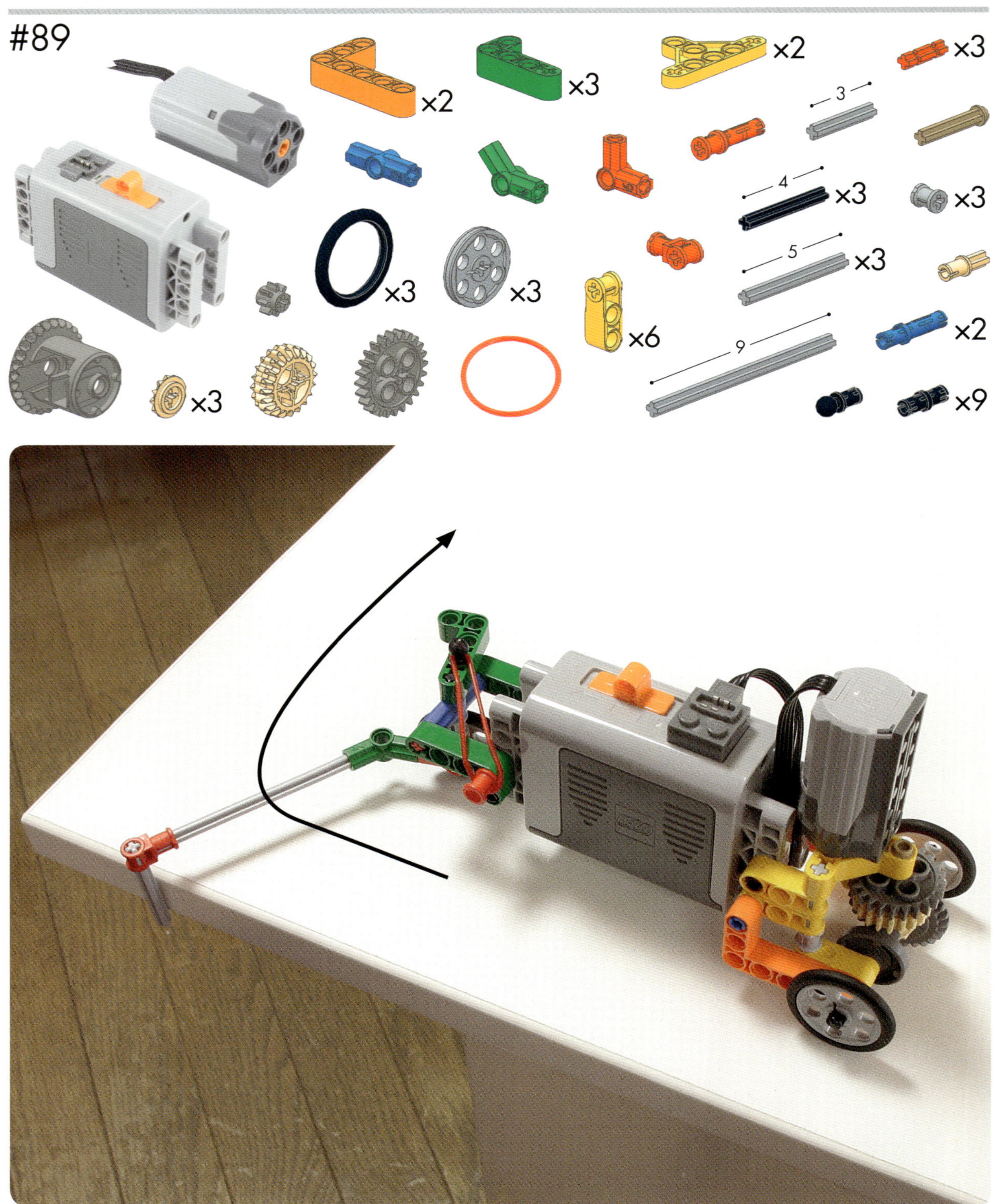

#89
×2
×3
×2
×3
3
×3
×6
4
×3
×3
5
×3
9
×2
×9
×3
×3

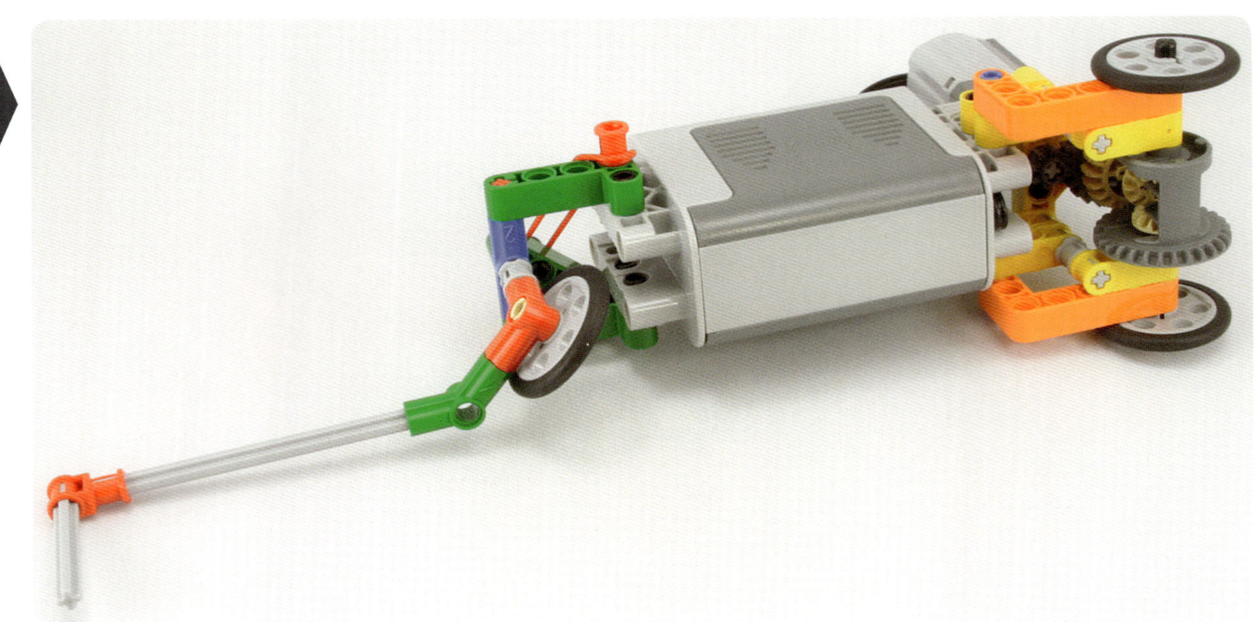

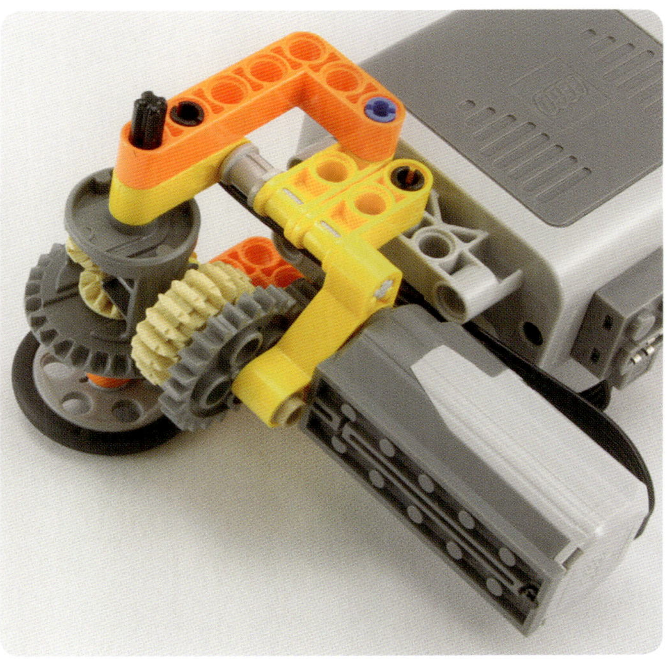

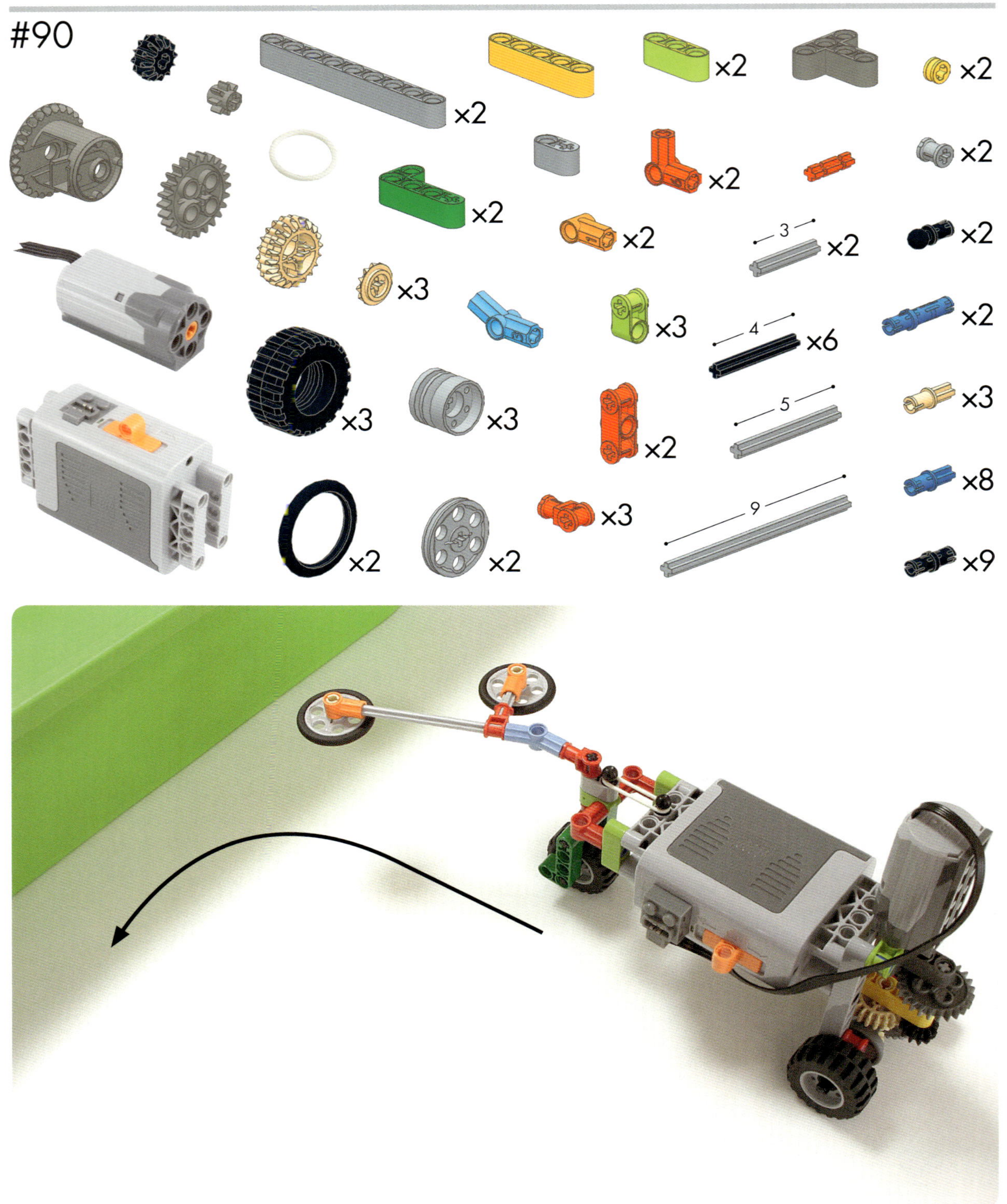

#90

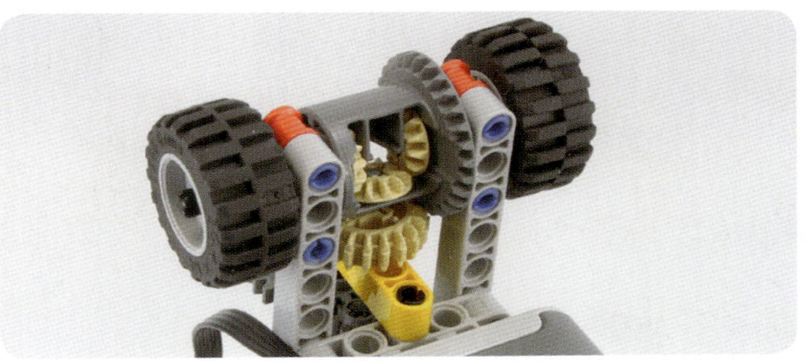

#91

#92

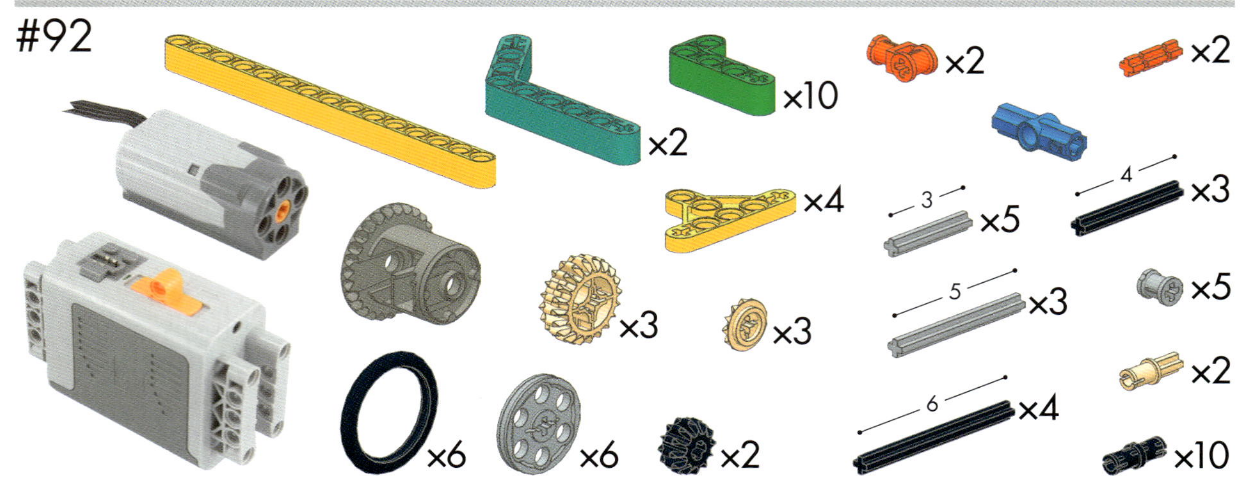

엉뚱한 자동차들

#93

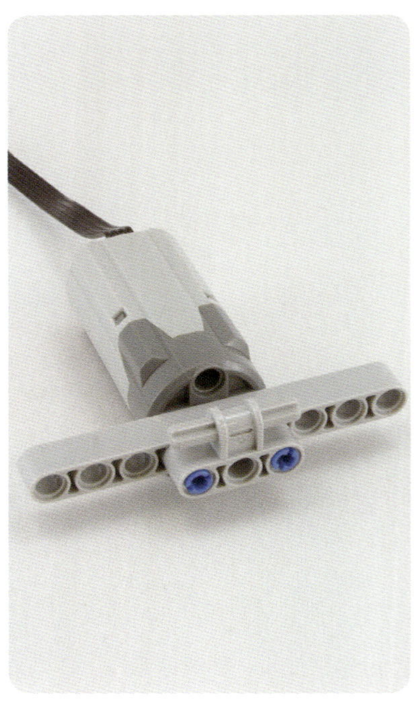

×4
×4
×3
×4
×2
×2
×2
×4
×4
3 ×3
4
4 ×2
×4
5
×3
7 ×2
×6

×6
×6
×6
×6
×2
×2
×2
×2
×4
×2
×6
×6
×6
×2
3
5
×4
6
9

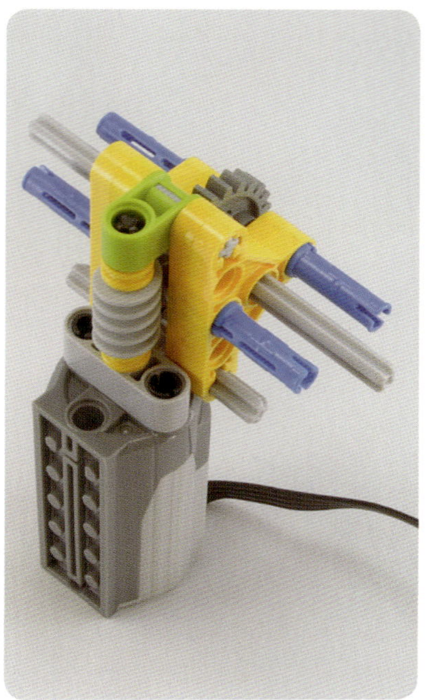

#96

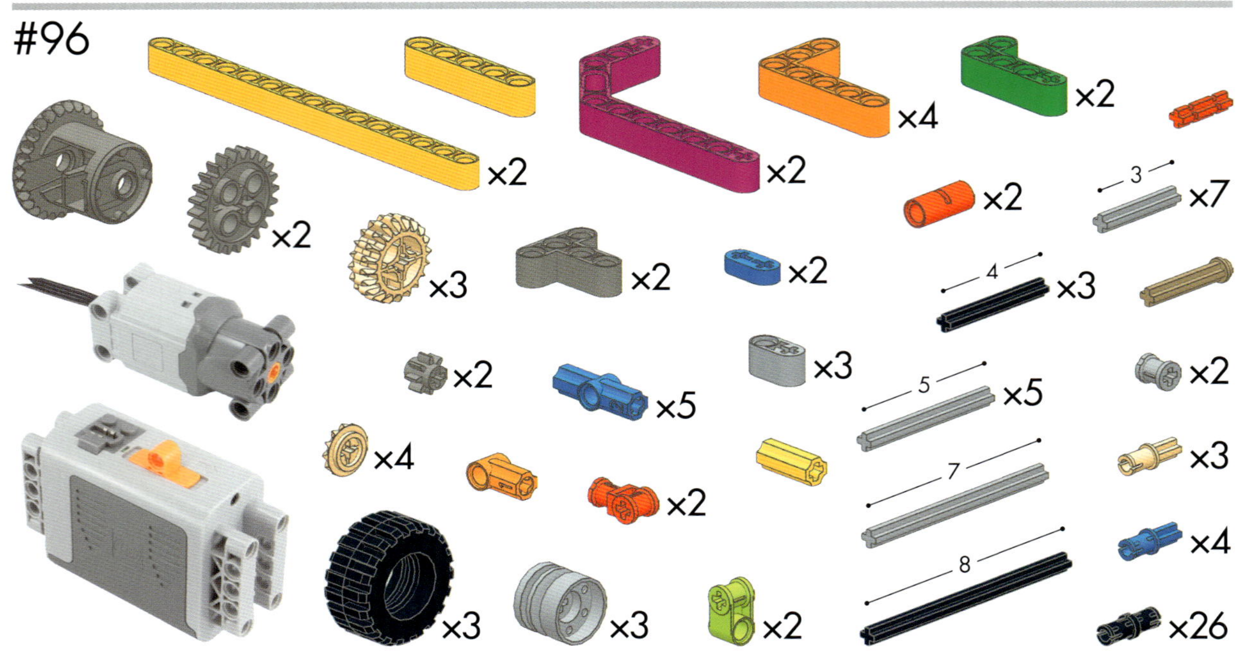

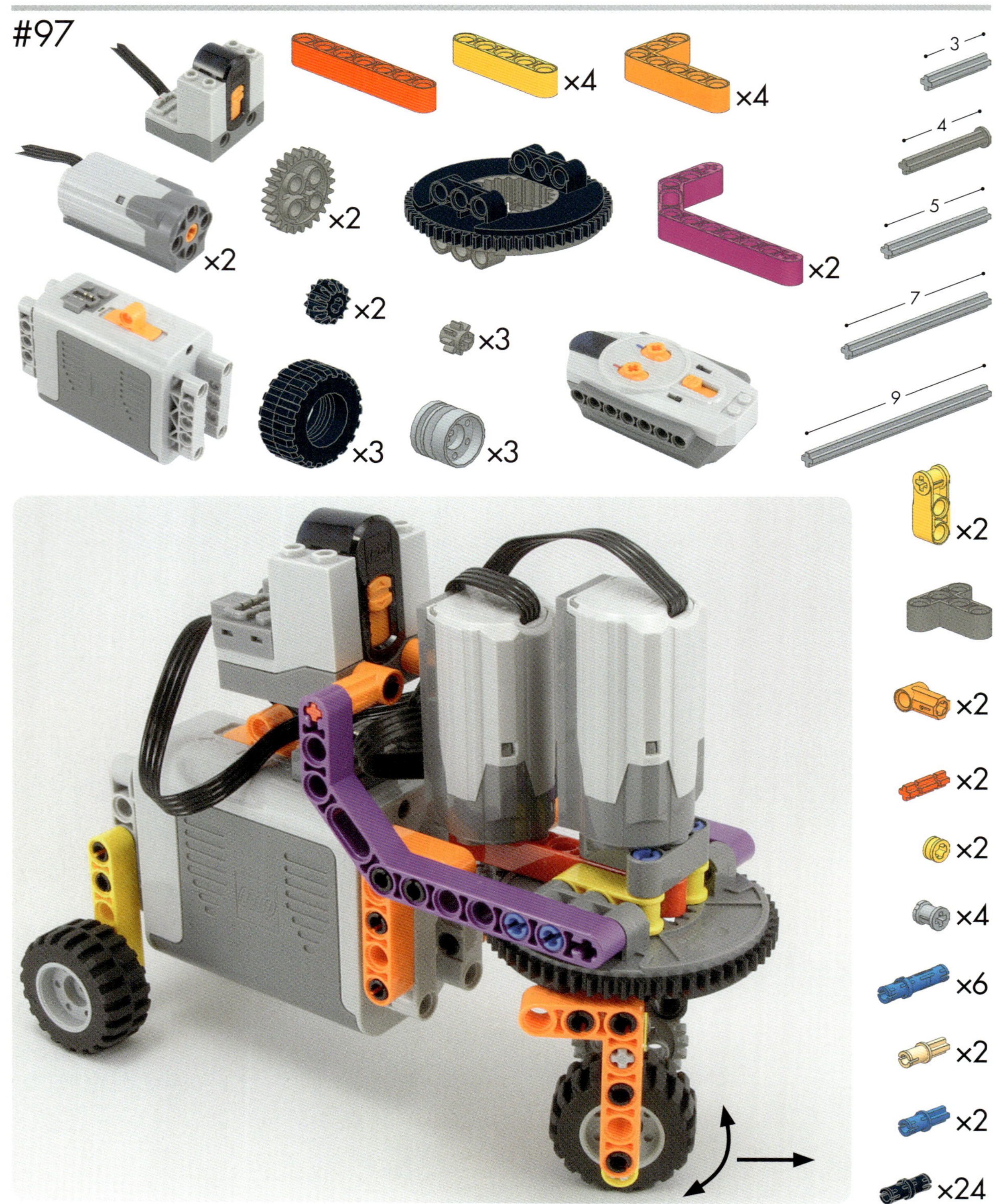

#97
×2
×4
×4
×2
×2
×3
×2
×3
×3
×3
3
4
5
7
9
×2
×2
×2
×2
×2
×4
×6
×2
×2
×24

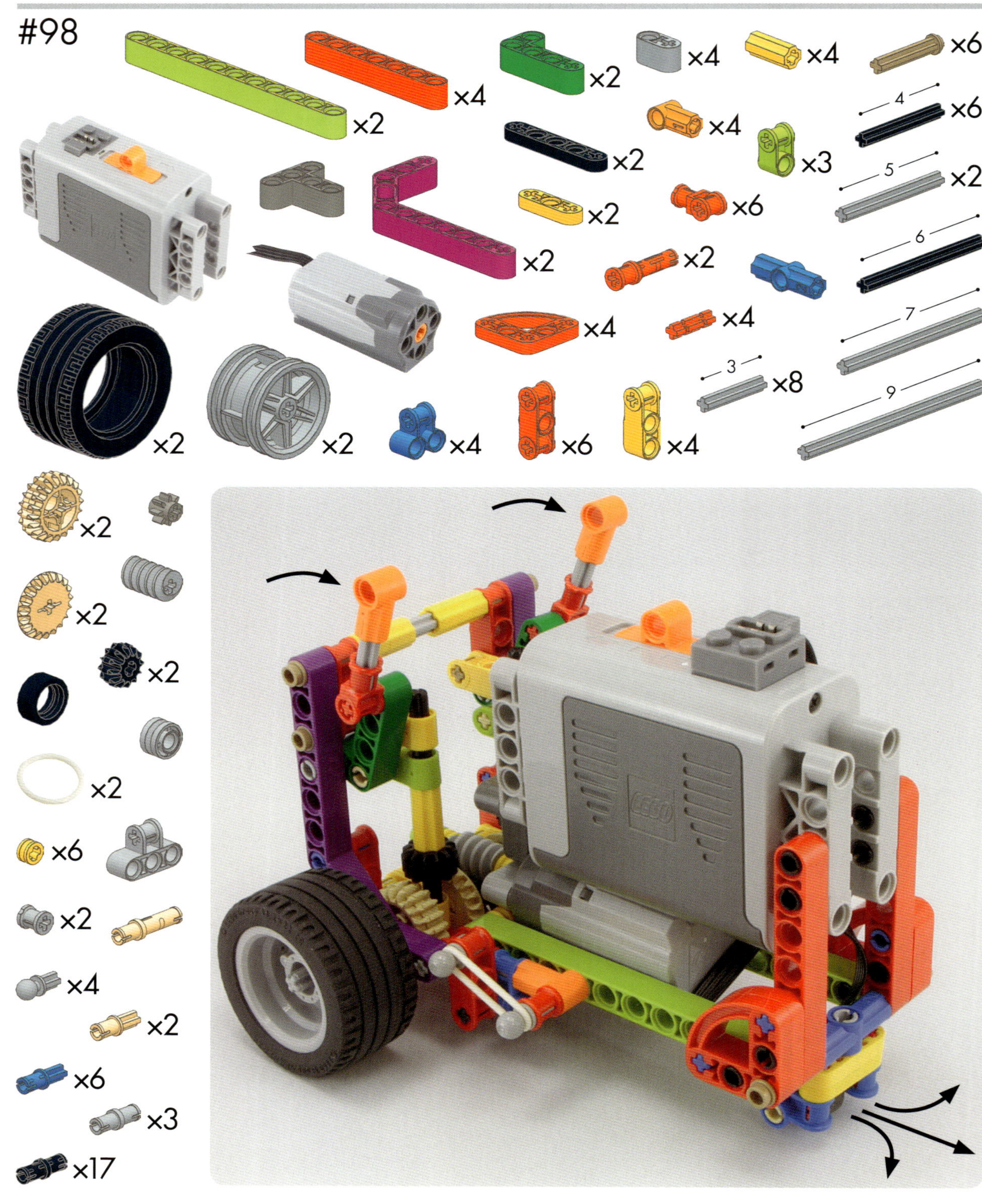

#98
×2
×4
×2
×4
×4
×6
×2
×4
×3
×6
×2
×2
×6
×2
×2
×2
×6
×4
×4
×8
4
5
6
7
3
9
×2
×2
×2
×2
×2
×6
×2
×4
×2
×6
×3
×17

2부

바퀴 없이 움직이는 것들

2족 보행 장치

#99

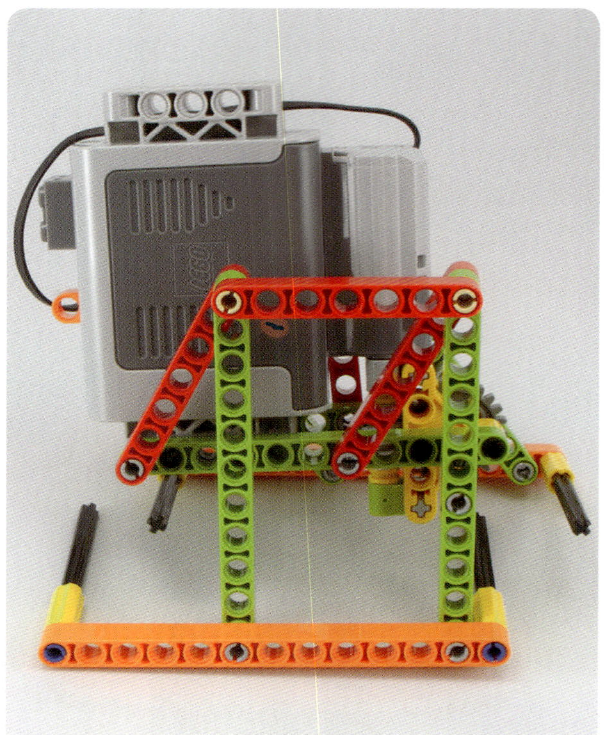

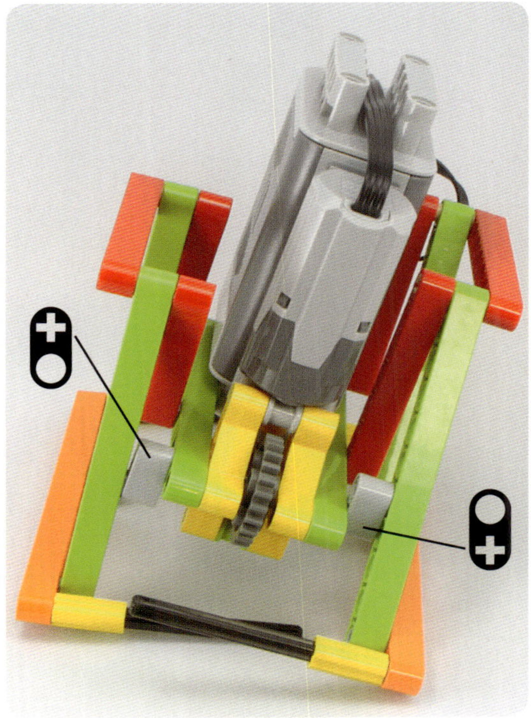

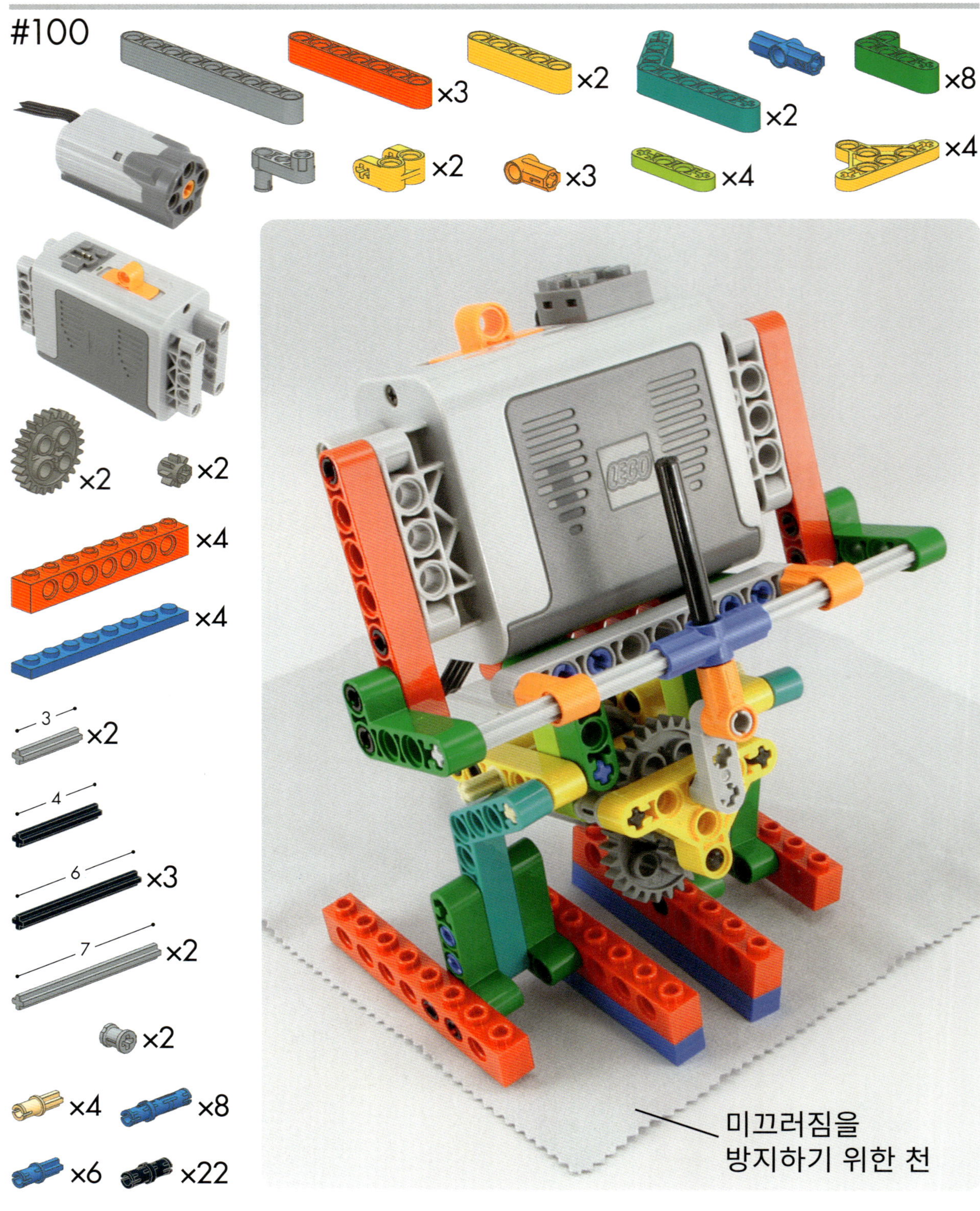

#100
×3
×2
×2
×8
×2
×3
×4
×4
×2
×2
×4
×4
×2
3
×2
4
6
×3
7
×2
×2
×4
×8
×6
×22
미끄러짐을
방지하기 위한 천

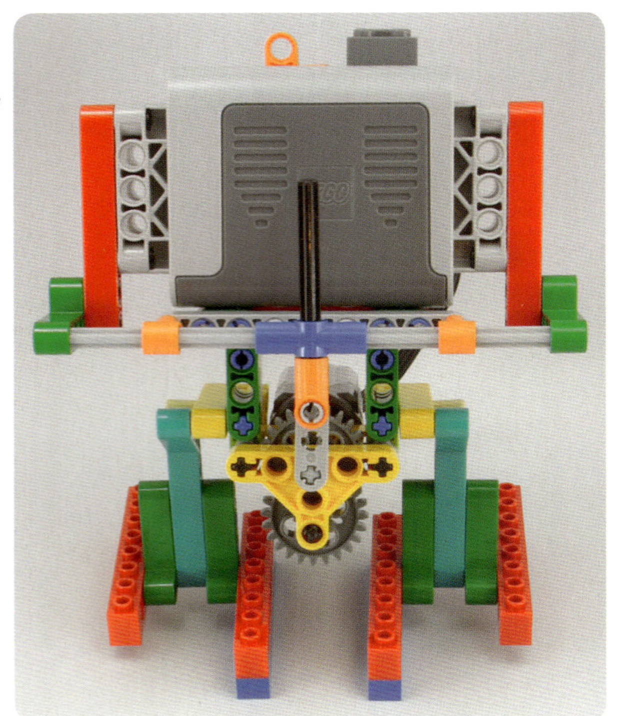

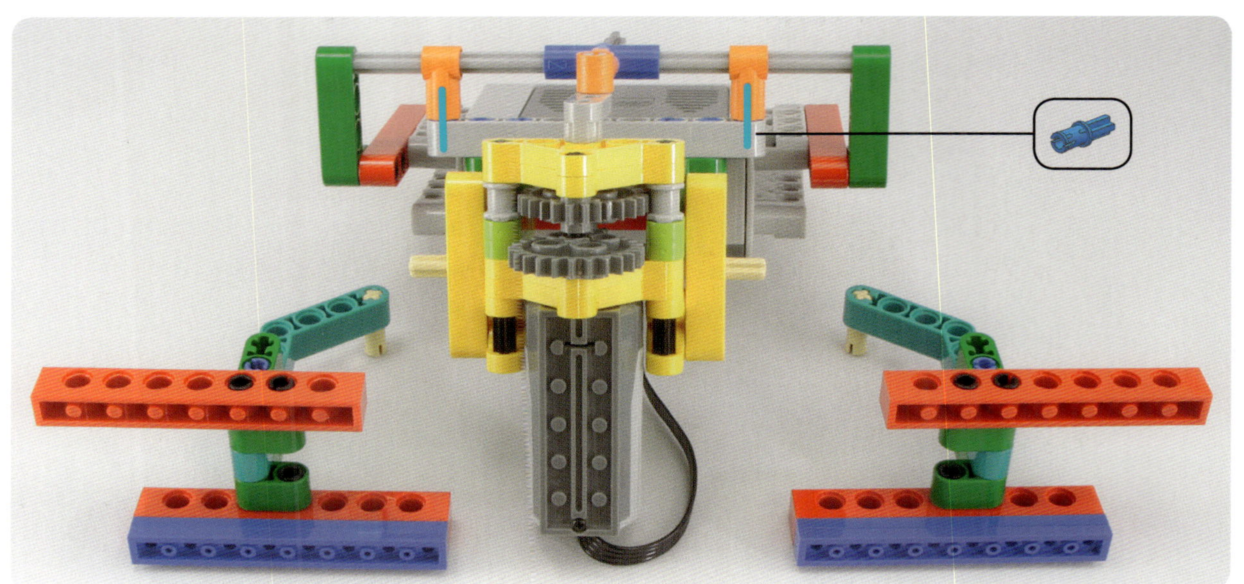

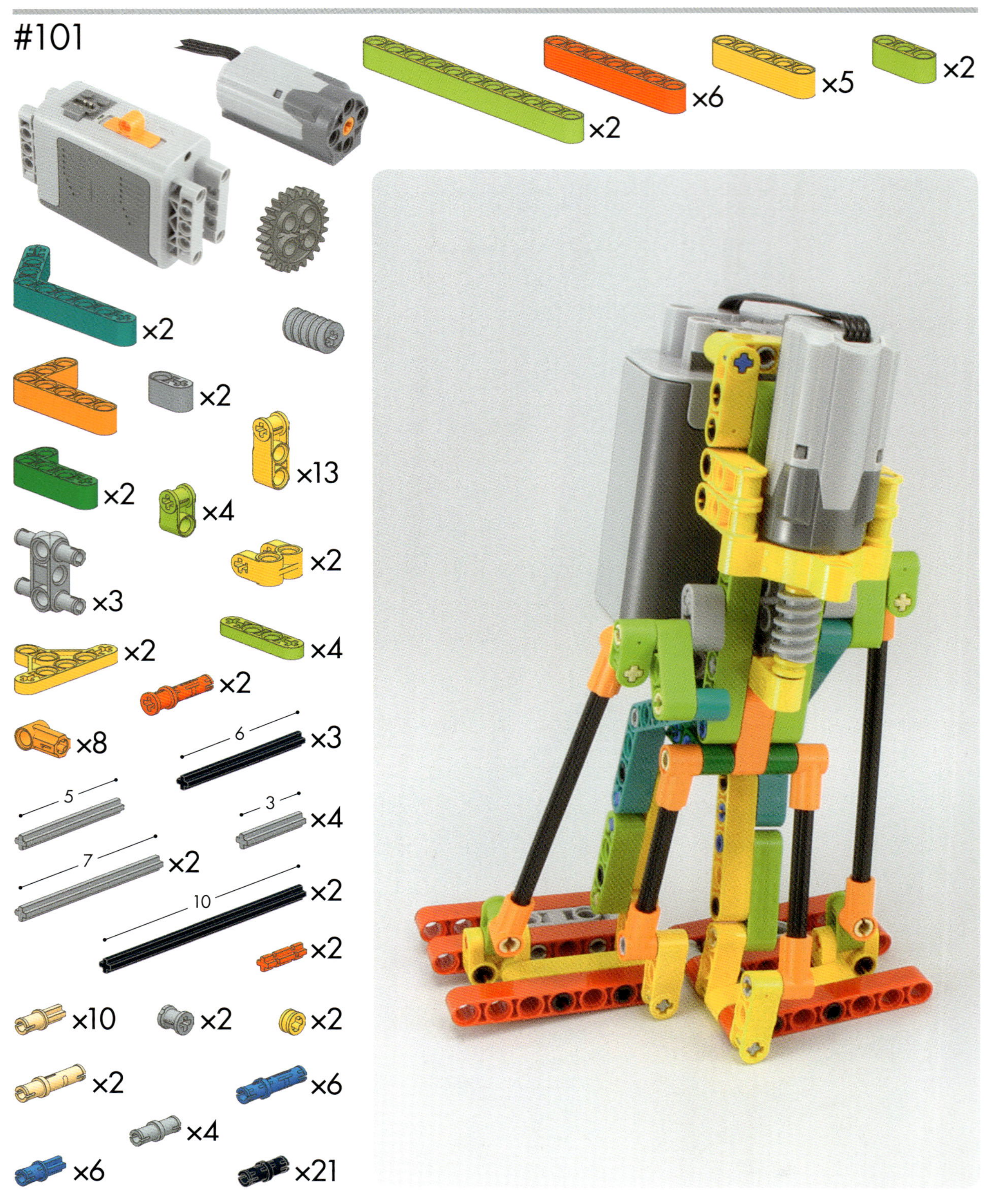

#101
×2
×6
×5
×2
×2
×2
×13
×2
×4
×2
×3
×2
×4
×2
6 ×3
×8
5
3 ×4
7 ×2
10 ×2
×2
×10
×2
×2
×2
×6
×4
×6
×21

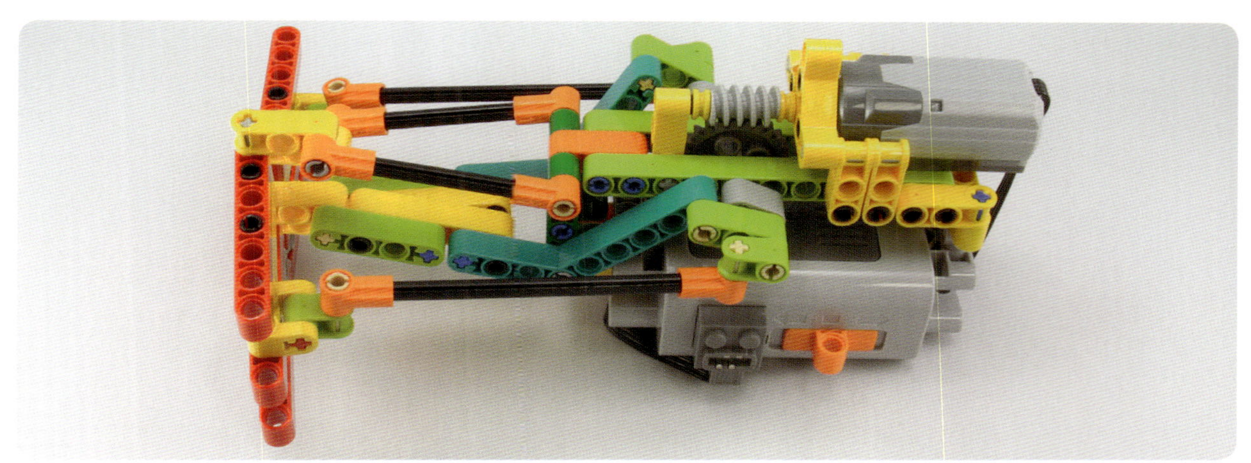

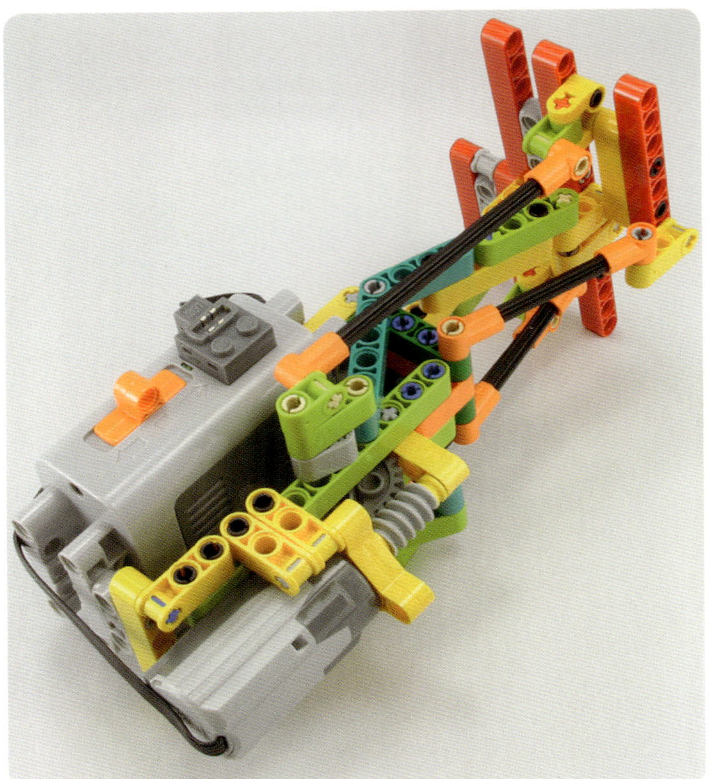

4족 보행 장치

#102

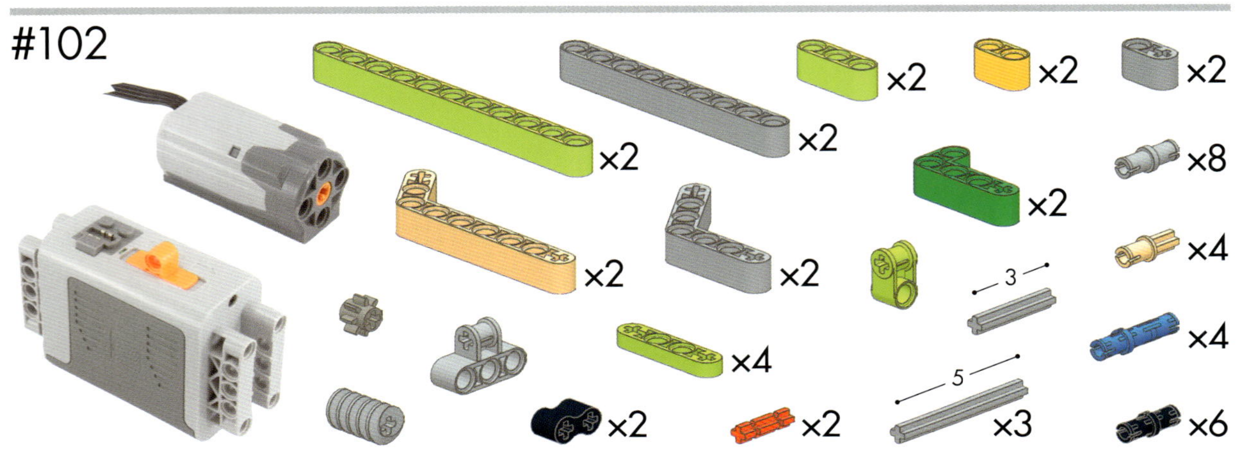

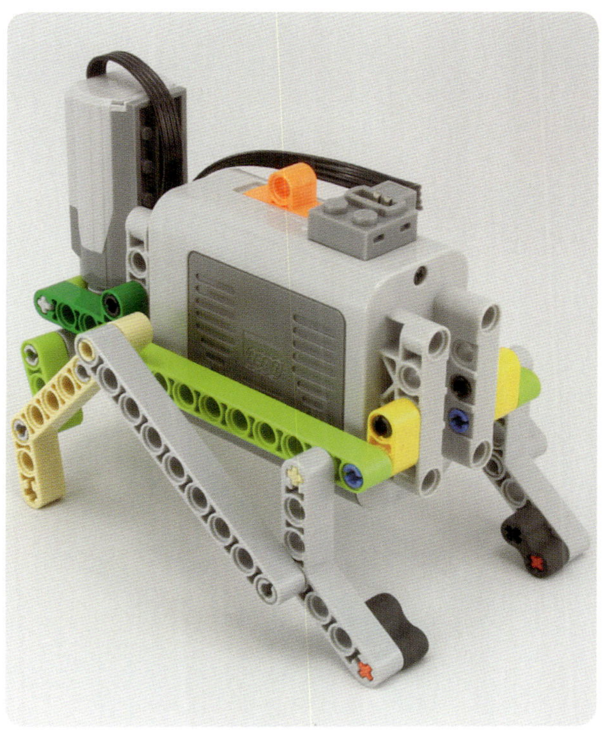

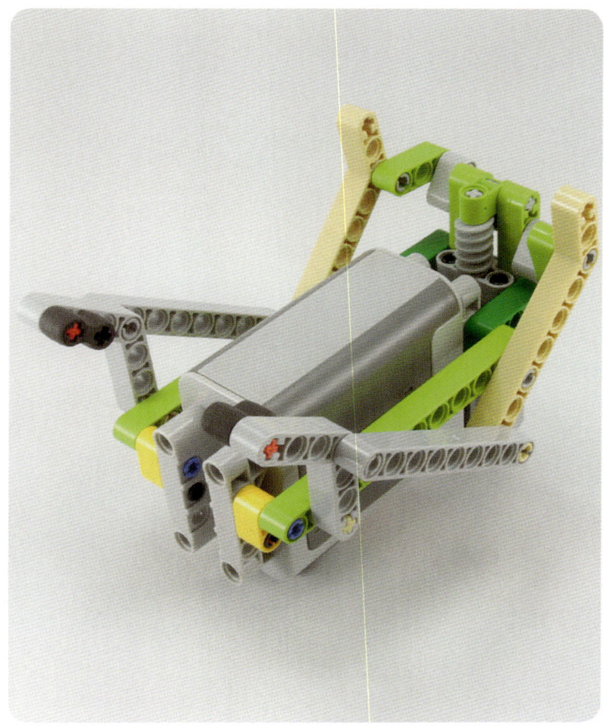

#103

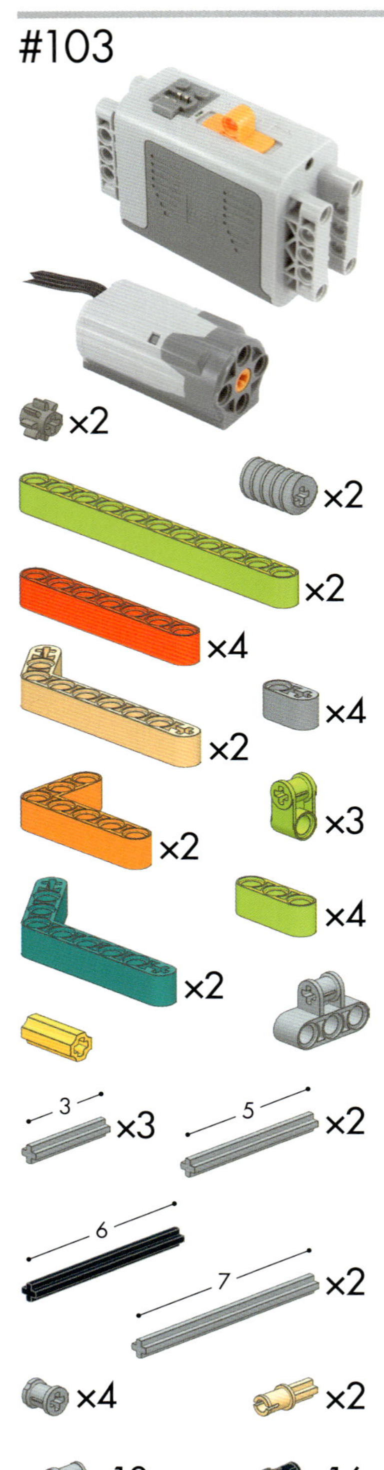

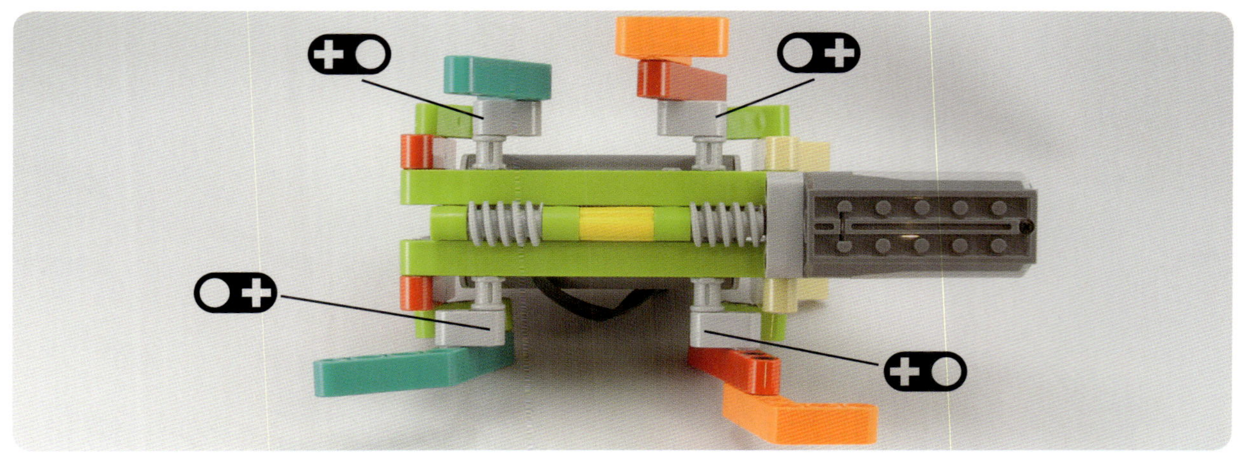

#104

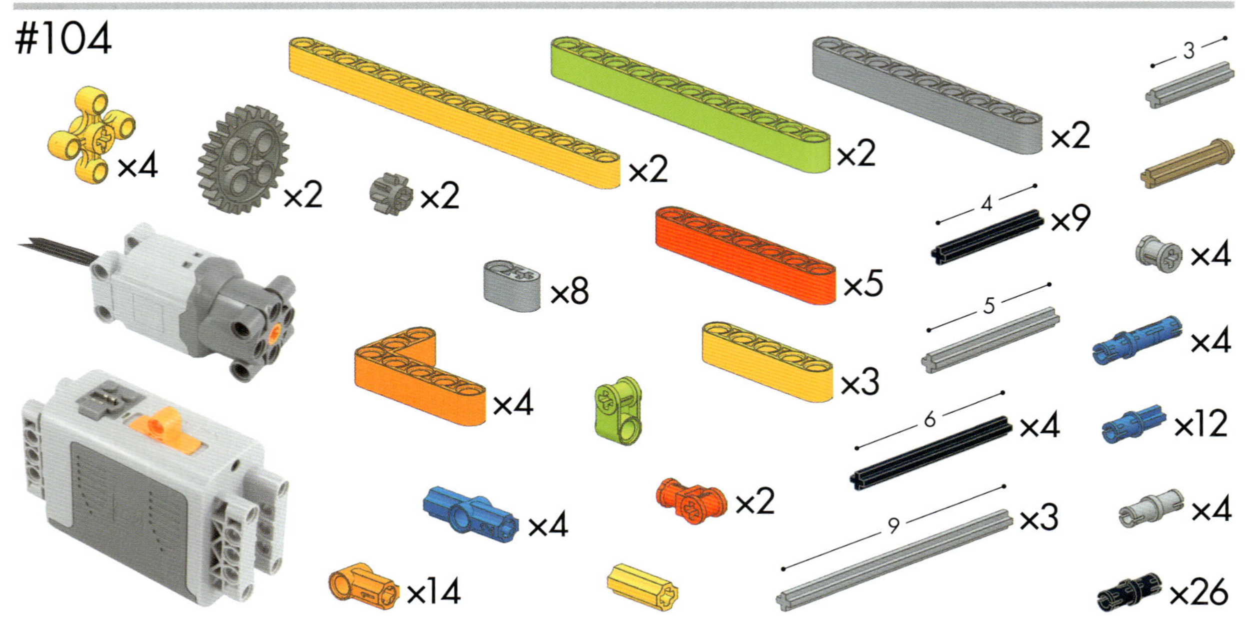

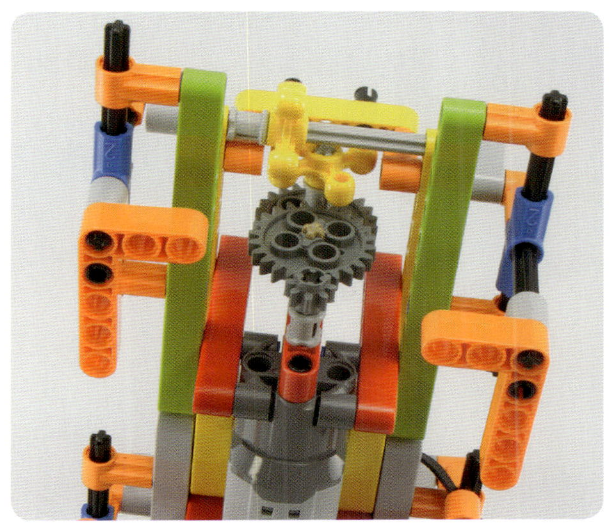

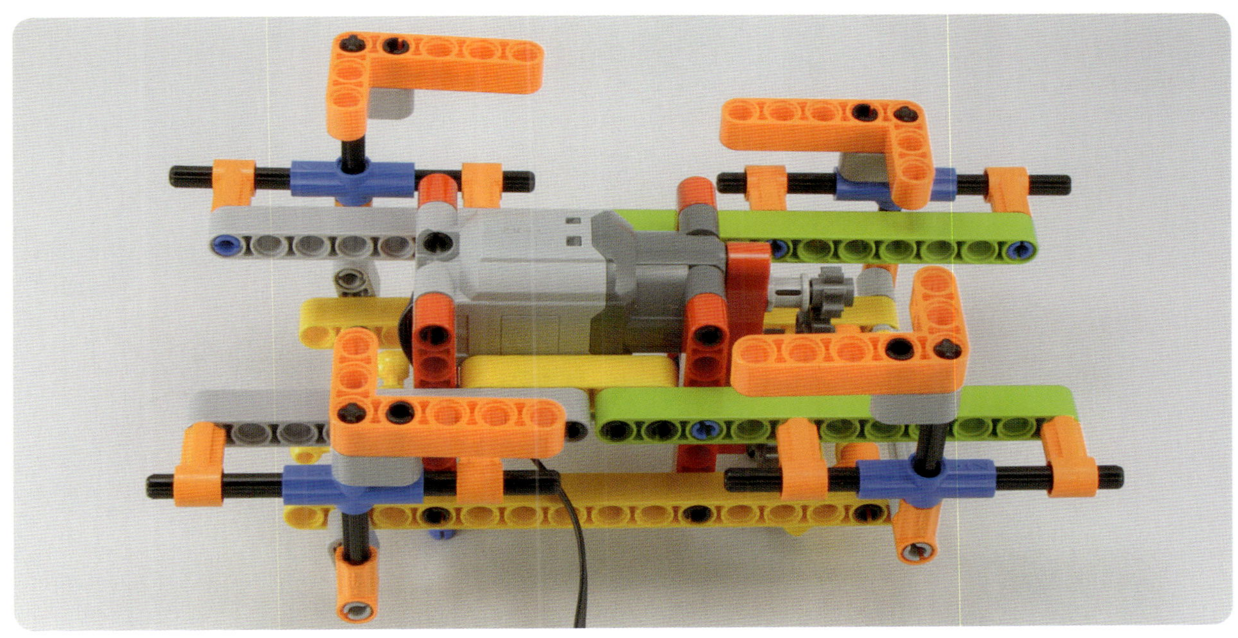

#105

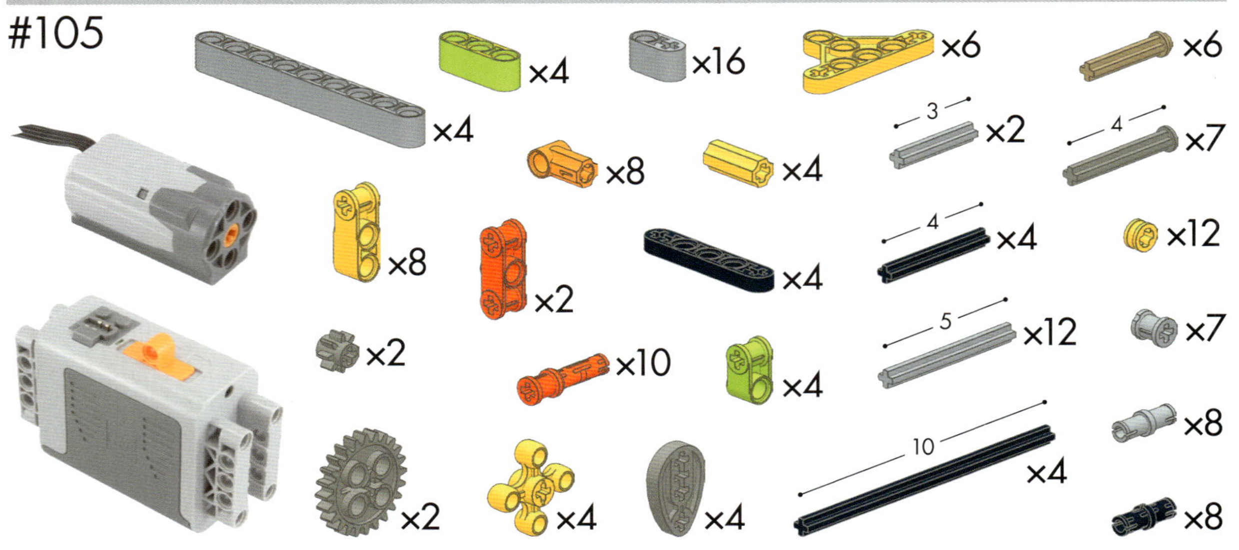

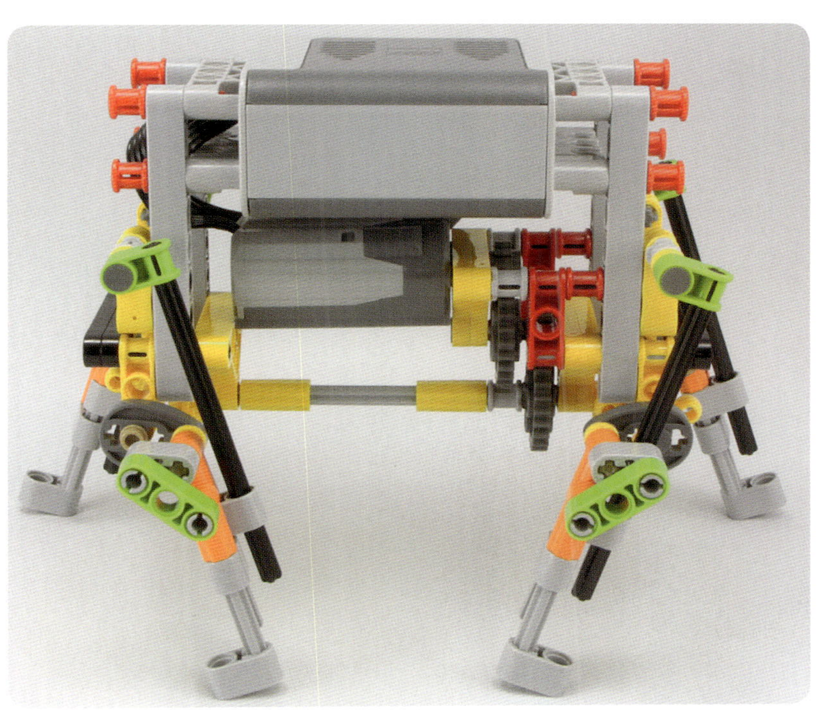

6족 보행 장치

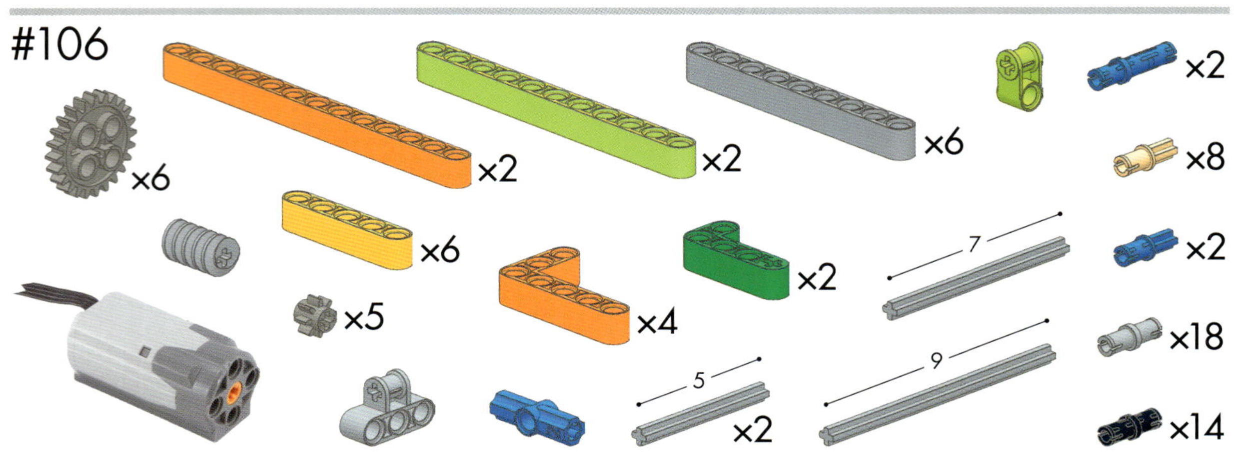

5

엉뚱한 보행 장치들

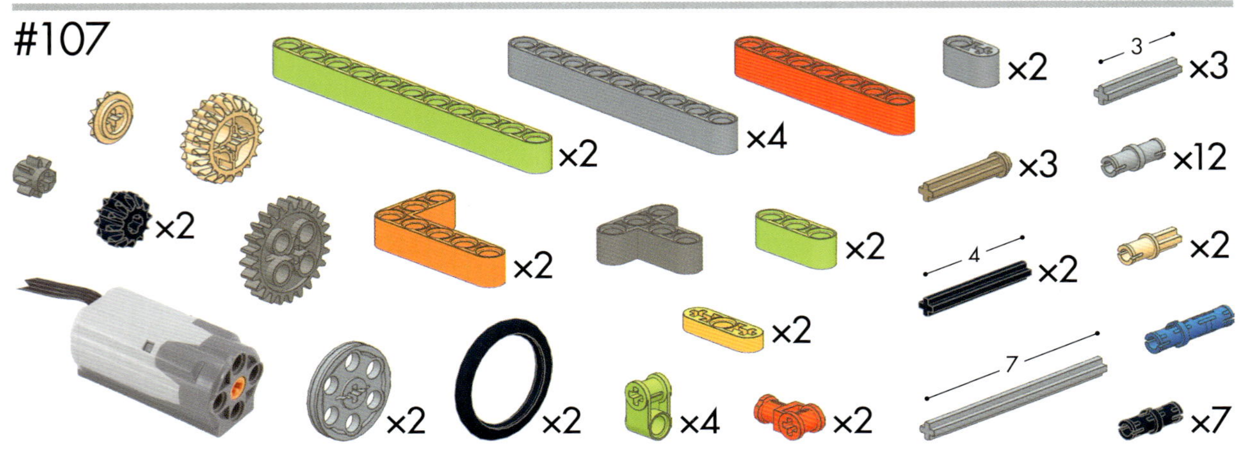

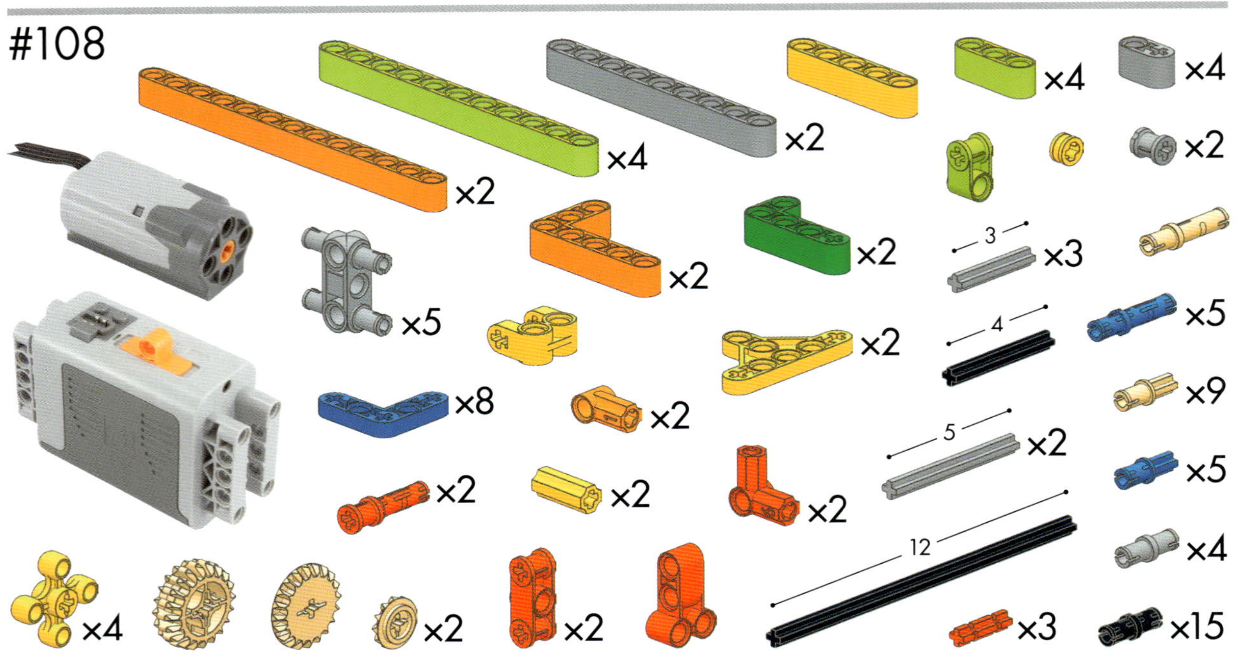

#108
×2
×4
×2
×4
×4
×2
×5
×2
×2
×2
×3
3
×5
×8
×2
×2
4
×9
×2
×2
×2
5
×2
×5
×4
12
×4
×4
×2
×2
×2
×3
×15

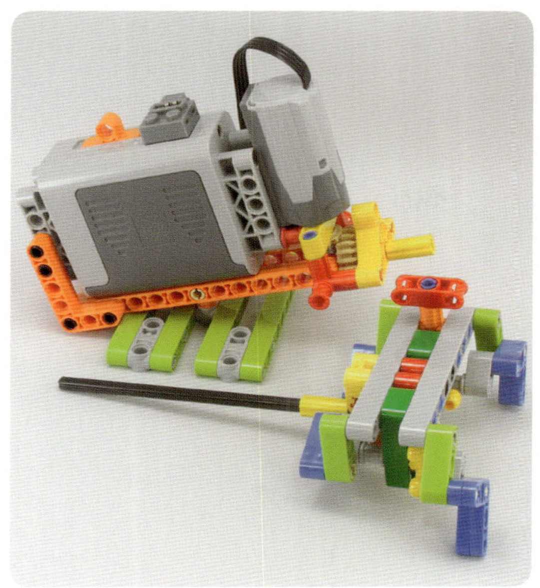

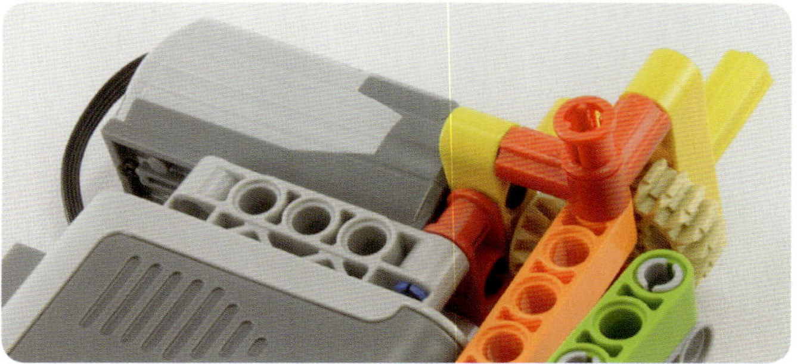

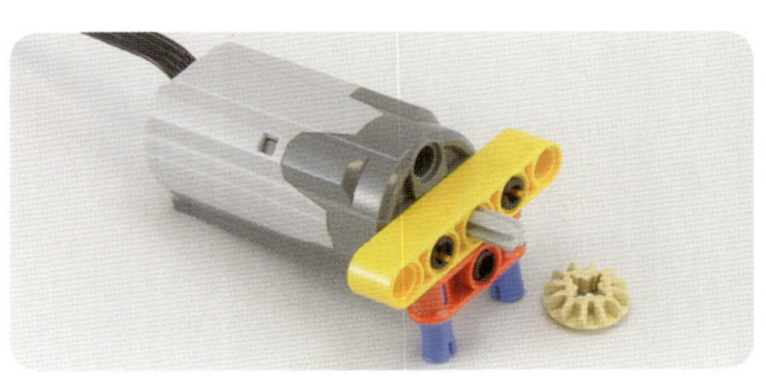

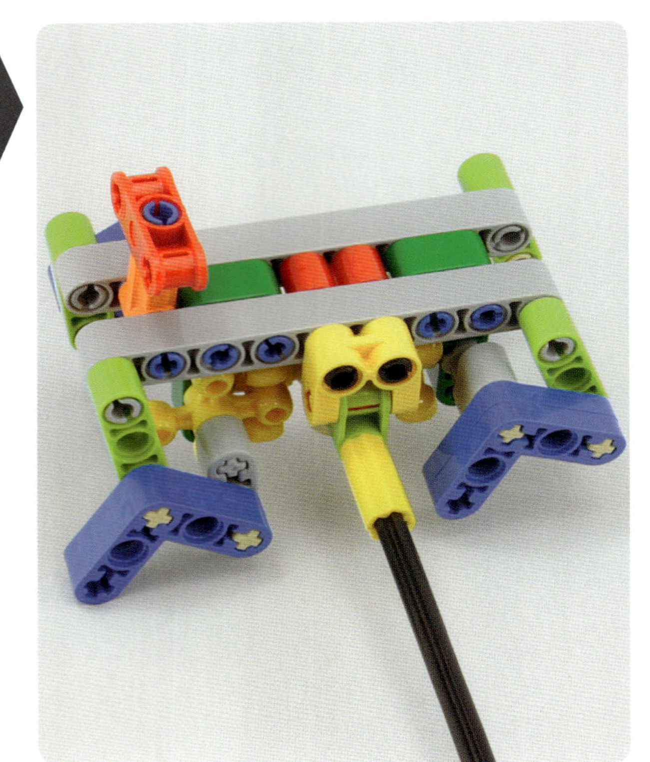

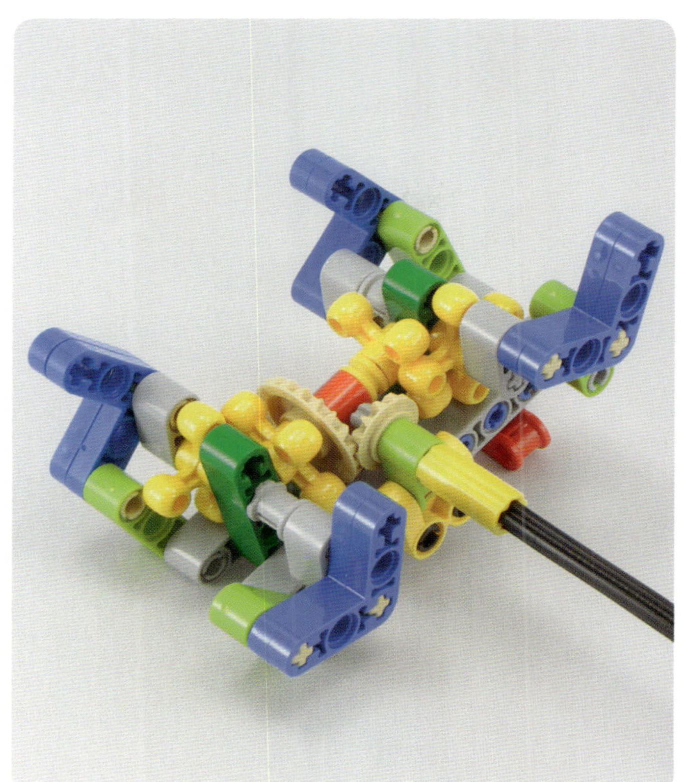

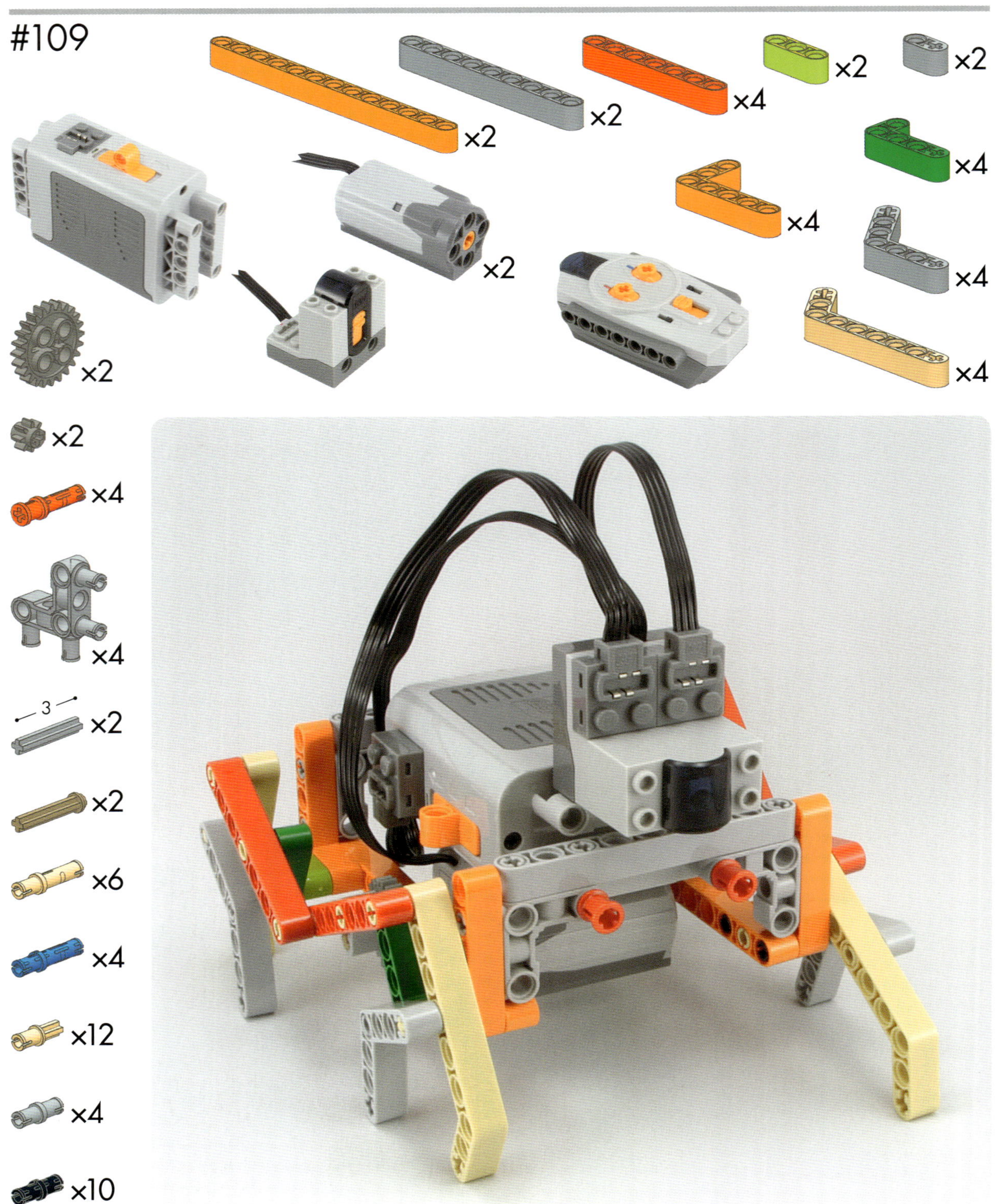

#109

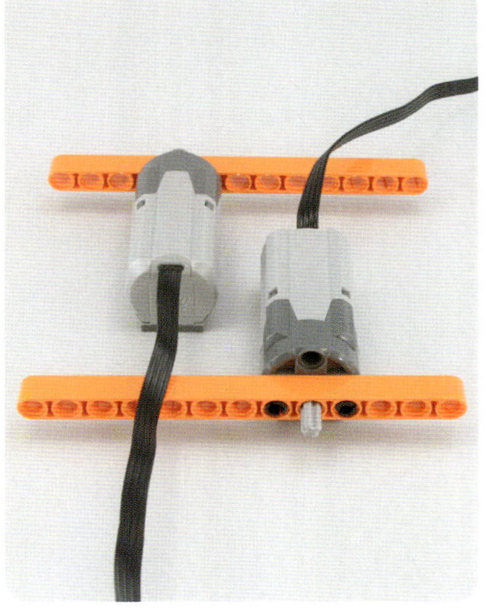

자벌레처럼 움직이기

#110

×2

×4

×2

×2

×4

×4

×2

×4

×4

3 ×3

5 ×6

6

×2 ×2

×4 ×2

×2 ×10

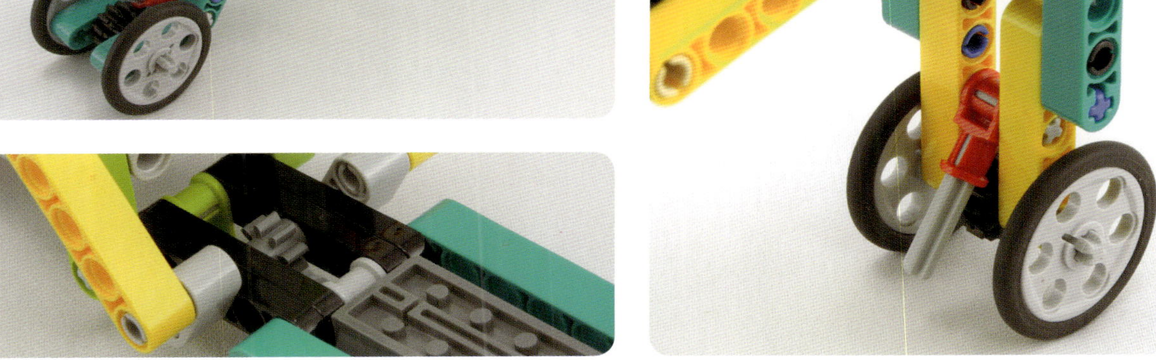

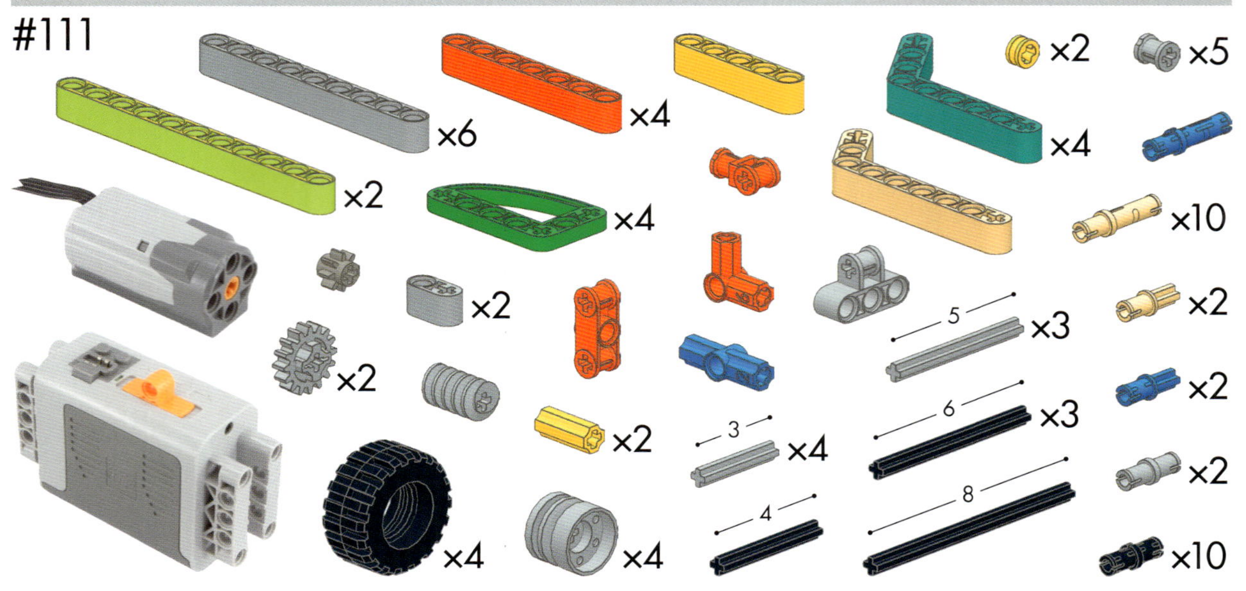

#111
×2
×6
×4
×2
×4
×2
×5
×4
×10
×2
×2
×2
×4
×4
×2
5
×3
3
×4
6
×3
8
×2
×2
×10

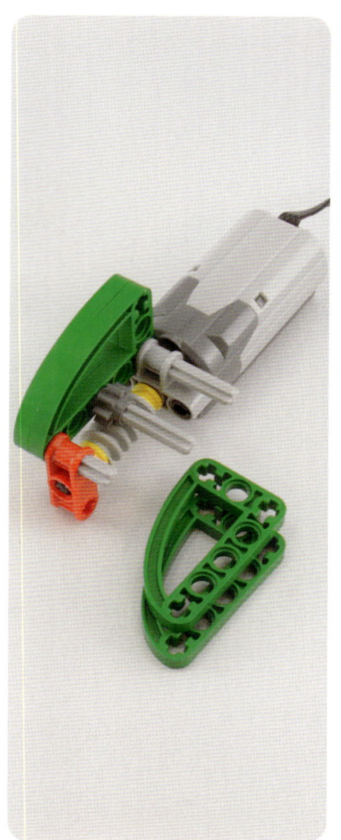

진동을 이용해서 움직이기

#112

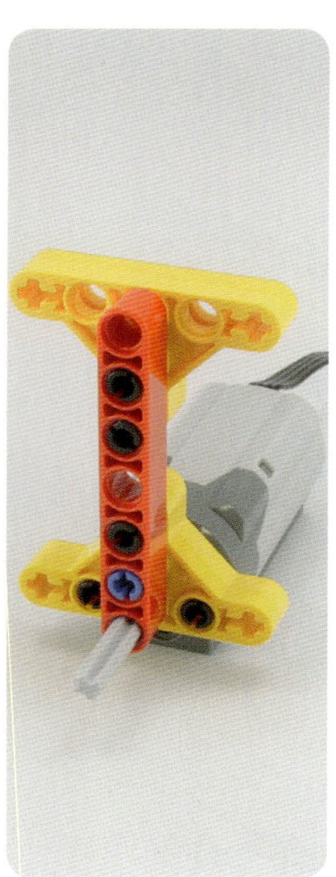

#113

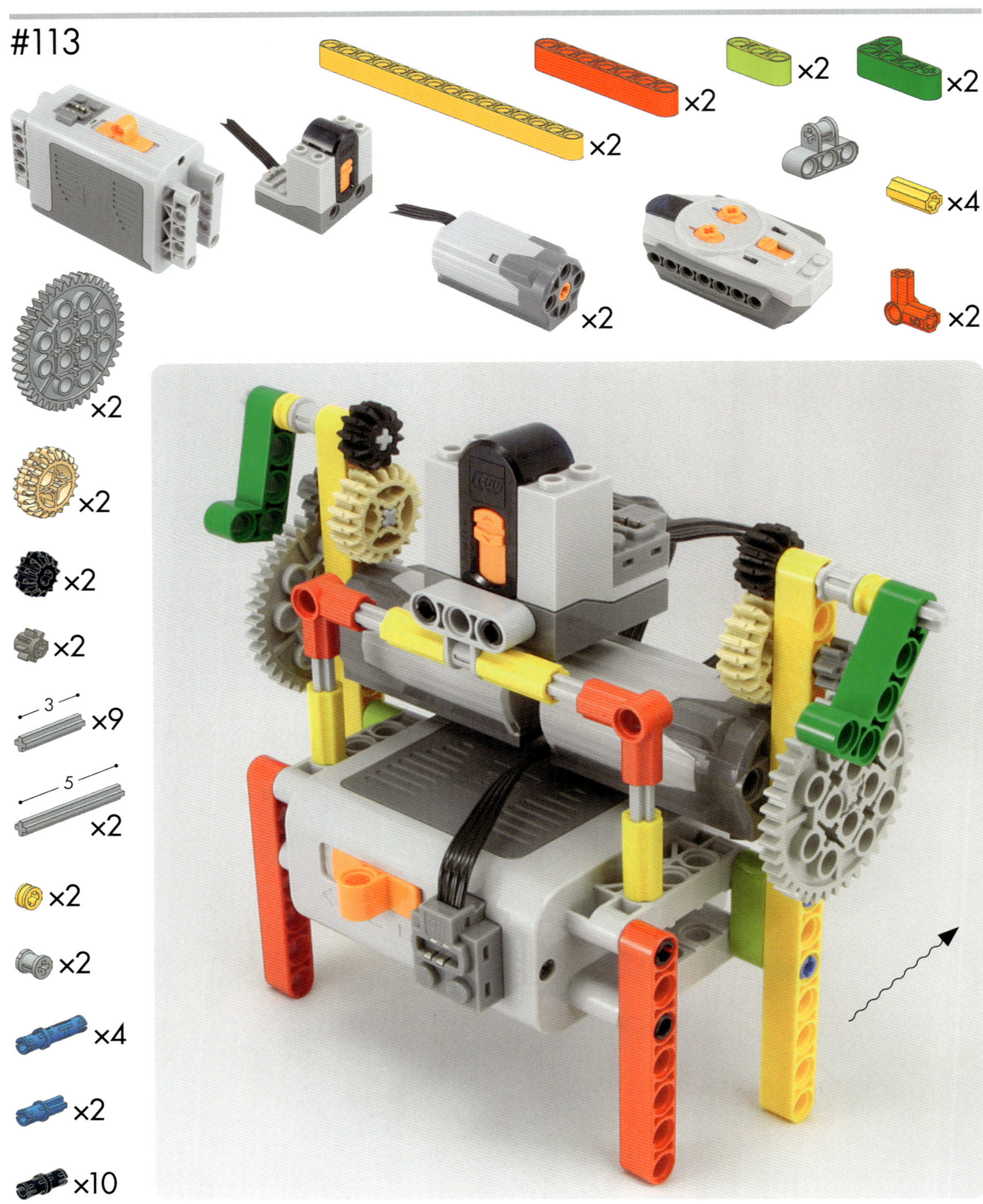

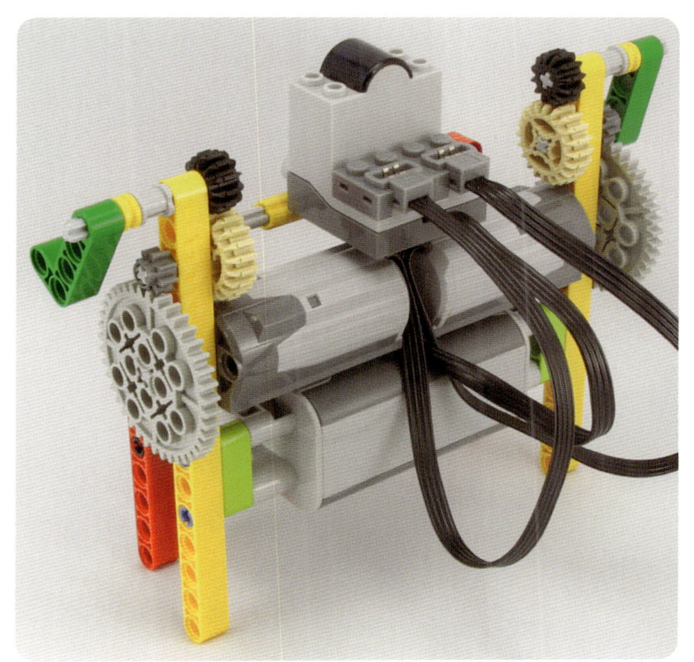

#114

×2 ×2 ×2 ×4 ×4

×4 ×2 ×2

×2 ×2

×4 ×4

3 ×4

×4

4 ×2

5 ×2

6 ×3

×2

7

×2

×2 ×8

×8 ×2

×6 ×16

3부

흥미로운 동작 원리

간헐 운동 장치

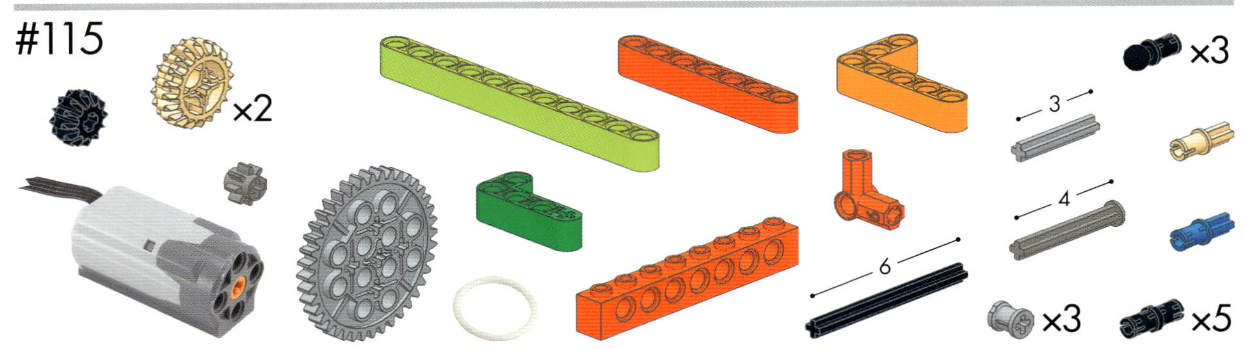

#116

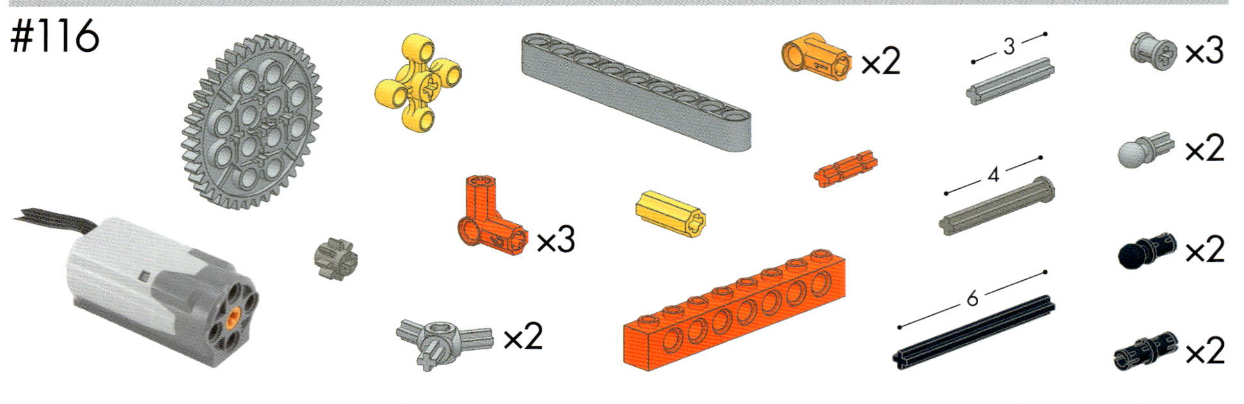

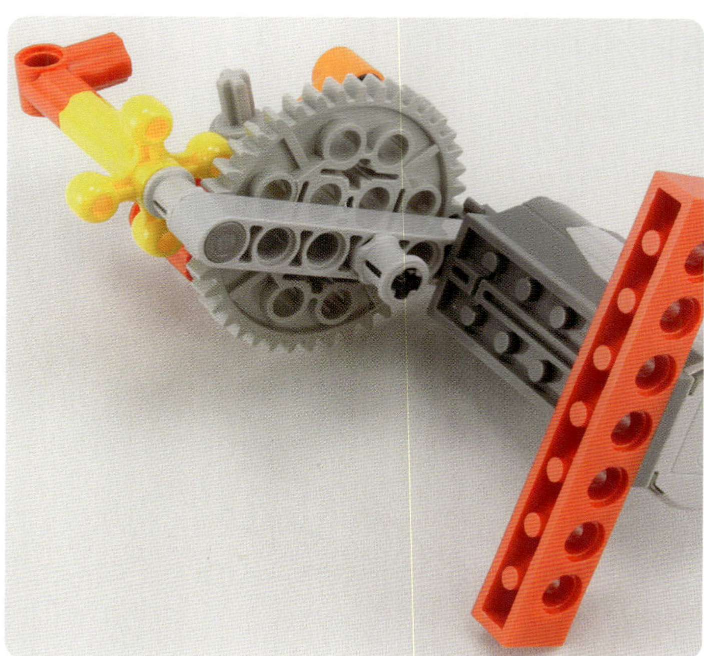
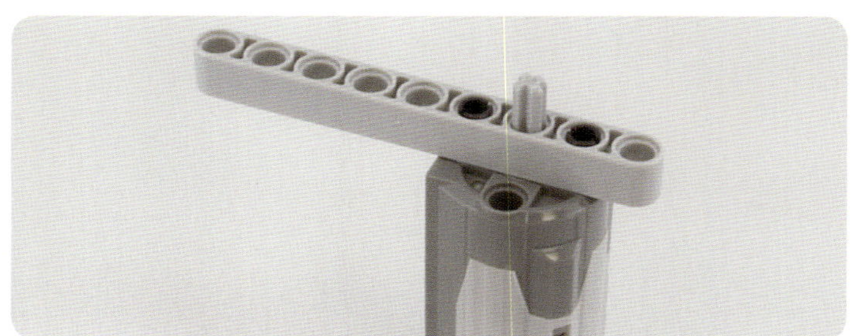

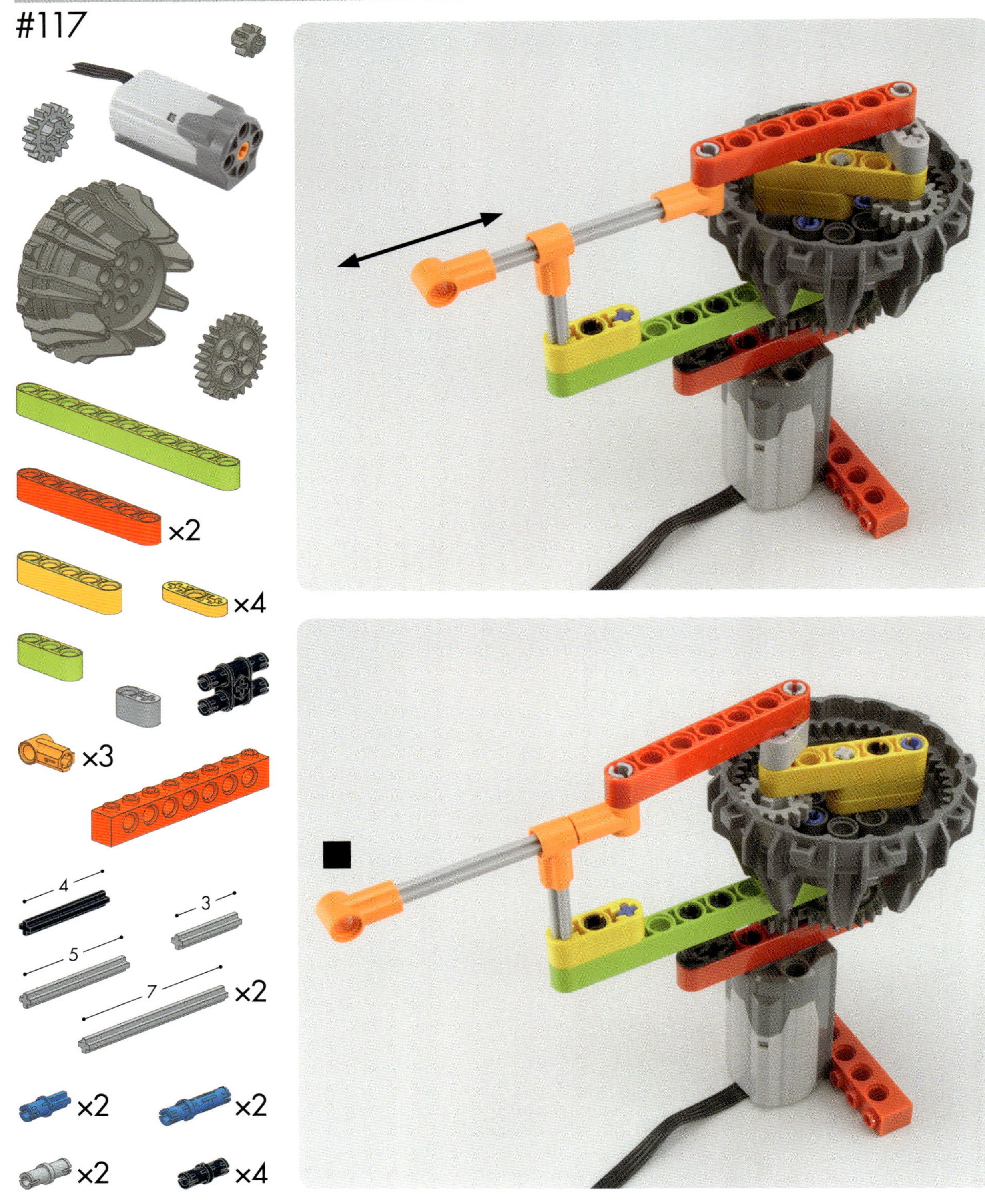

#117

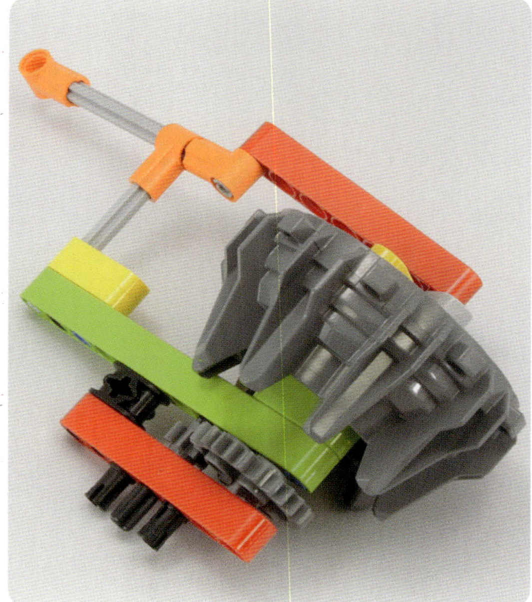

부드러운 속도 변화

#118

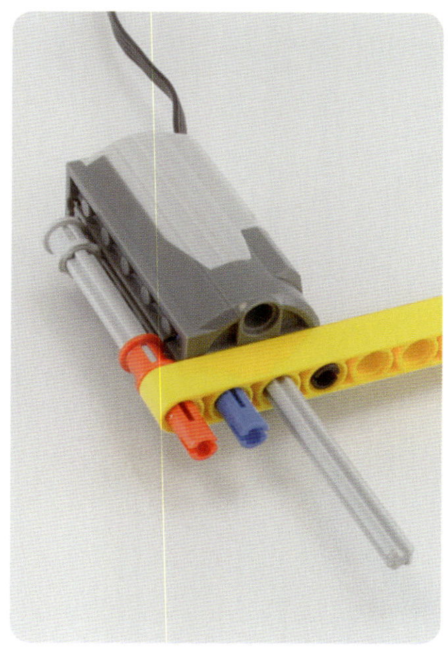

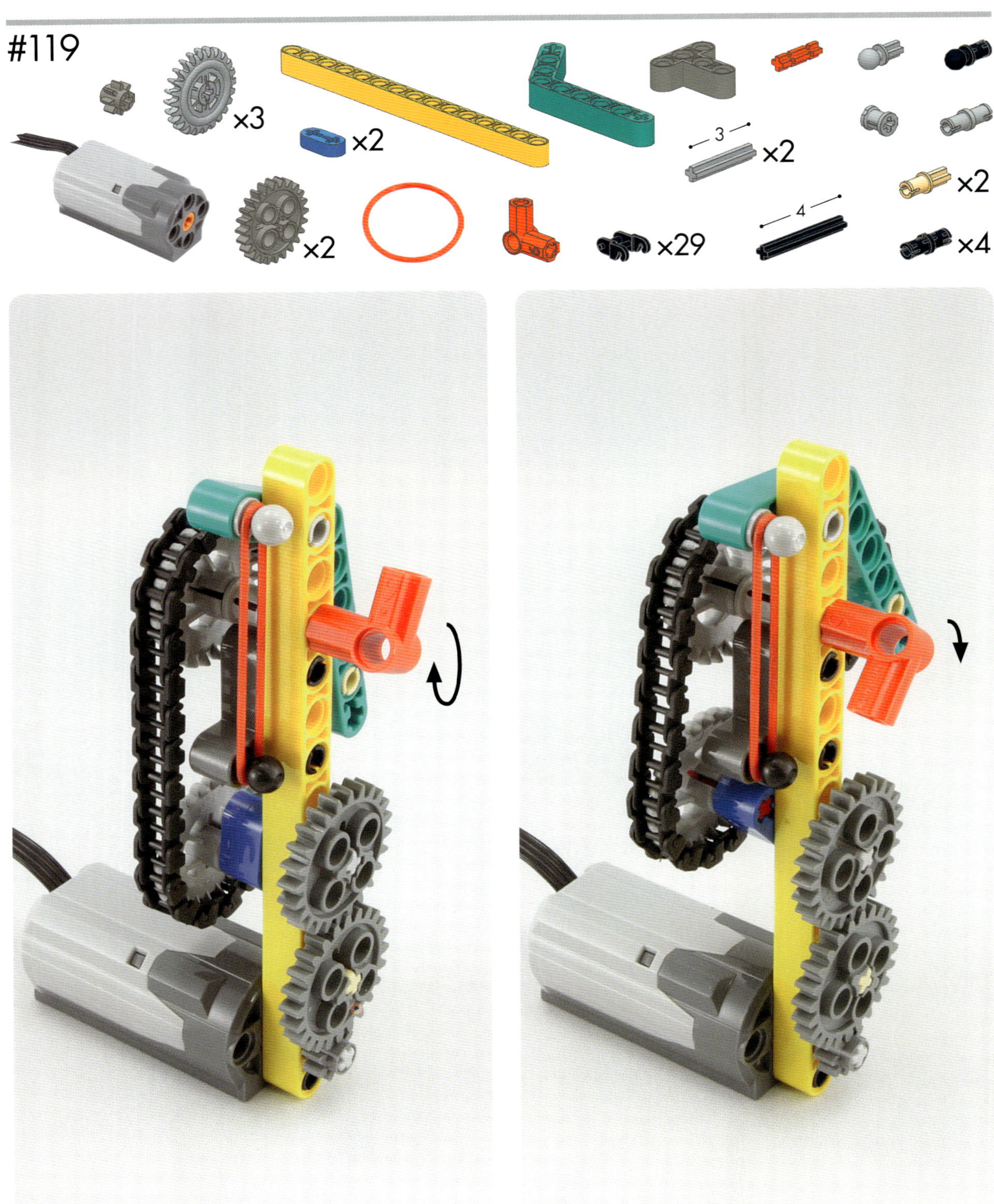

#119
×3
×2
×2
×2
3
×2
×29
4
×2
×4

#120

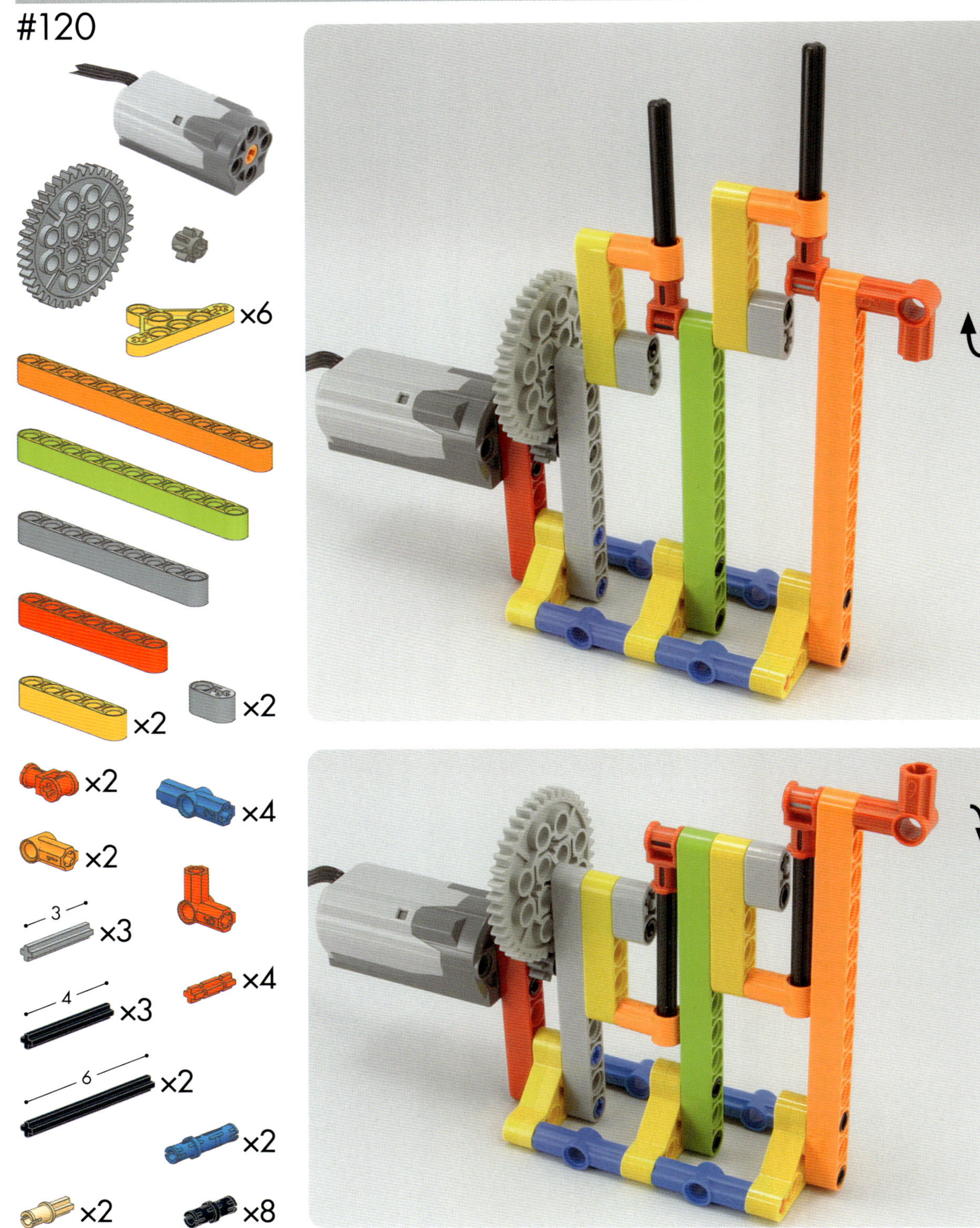

#121

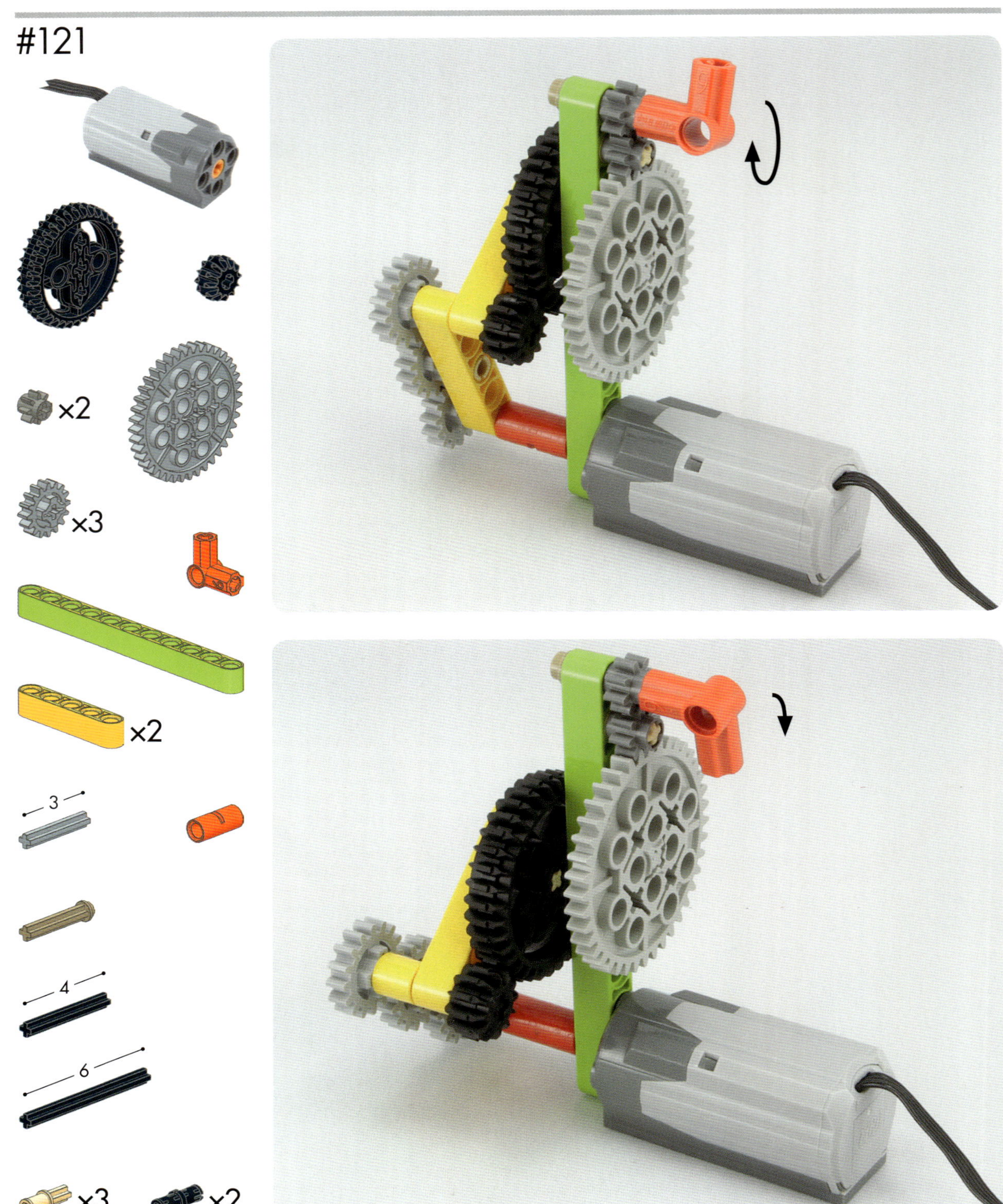

회전 방향 바꾸기

#122

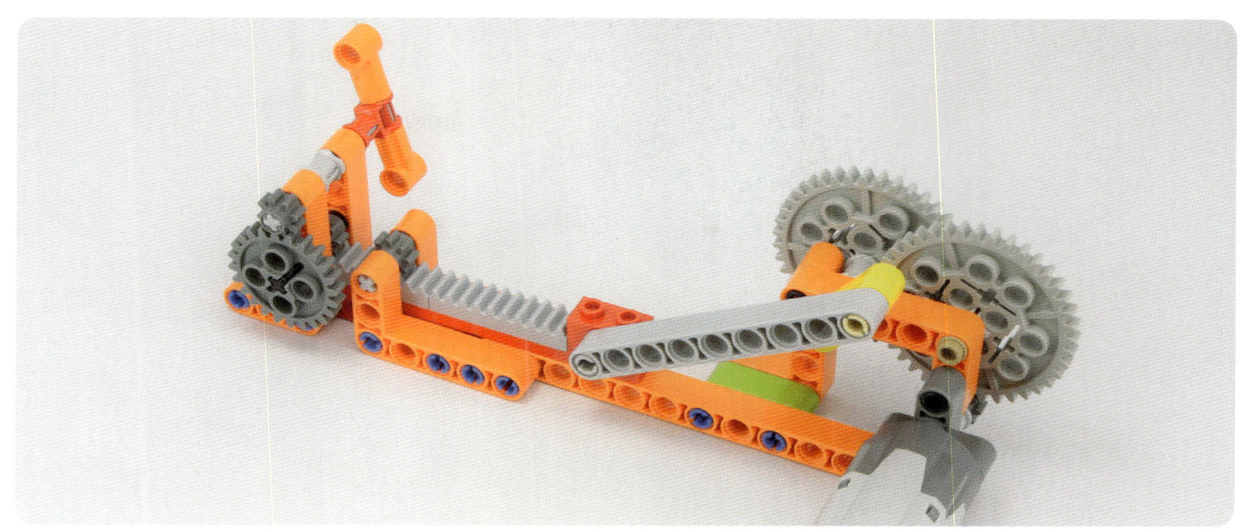

#123
×2
×2
×2
×3
5
×3
×4
6
×2
×2
7
×13

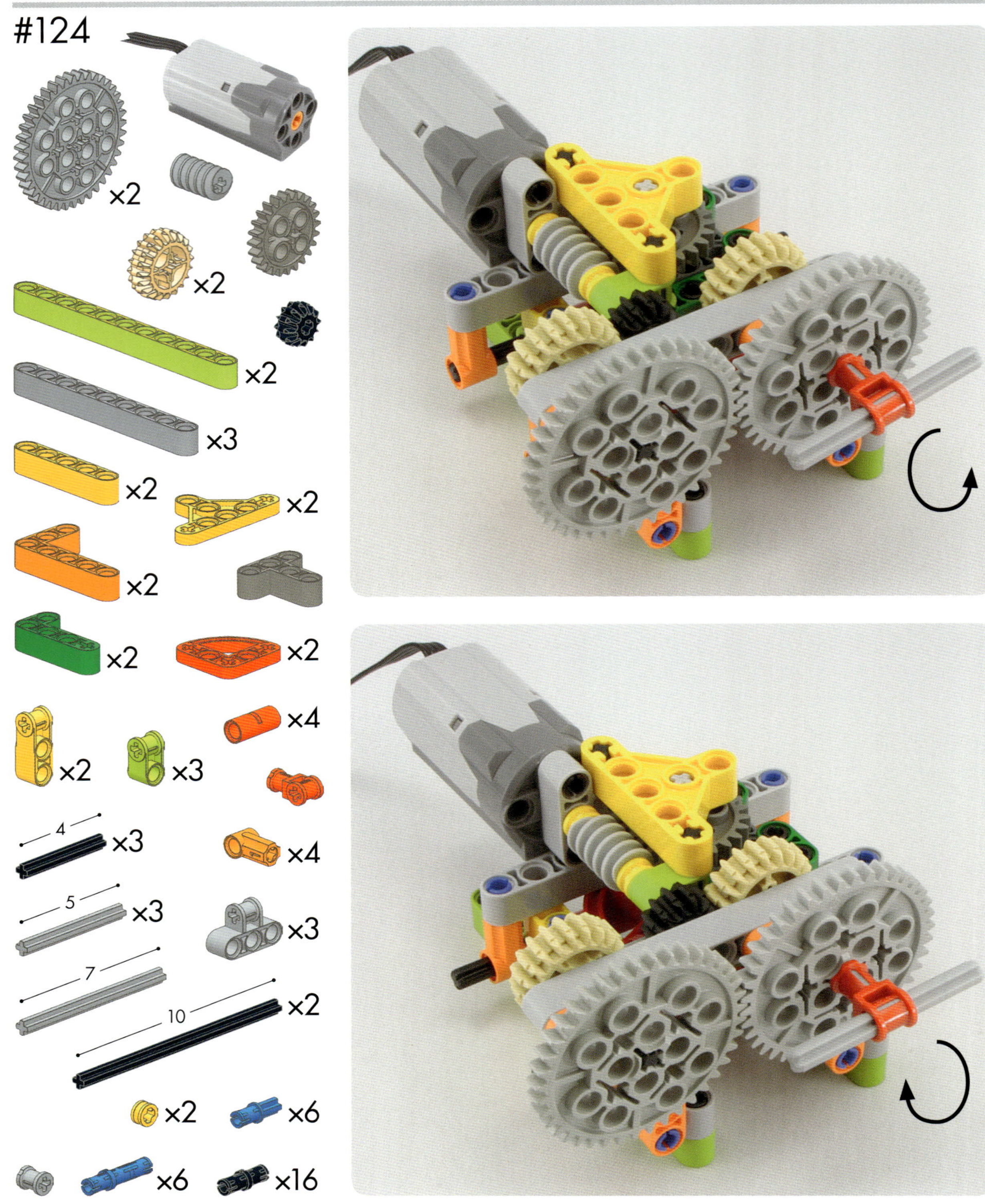

#124
×2
×2
×2
×2
×3
×2
×2
×2
×2
×2
×2
×2
×3
×4
×4
4 ×3
5 ×3
×3
7
10 ×2
×2
×6
×6
×16

스위치를 이용한 변속 장치

#125

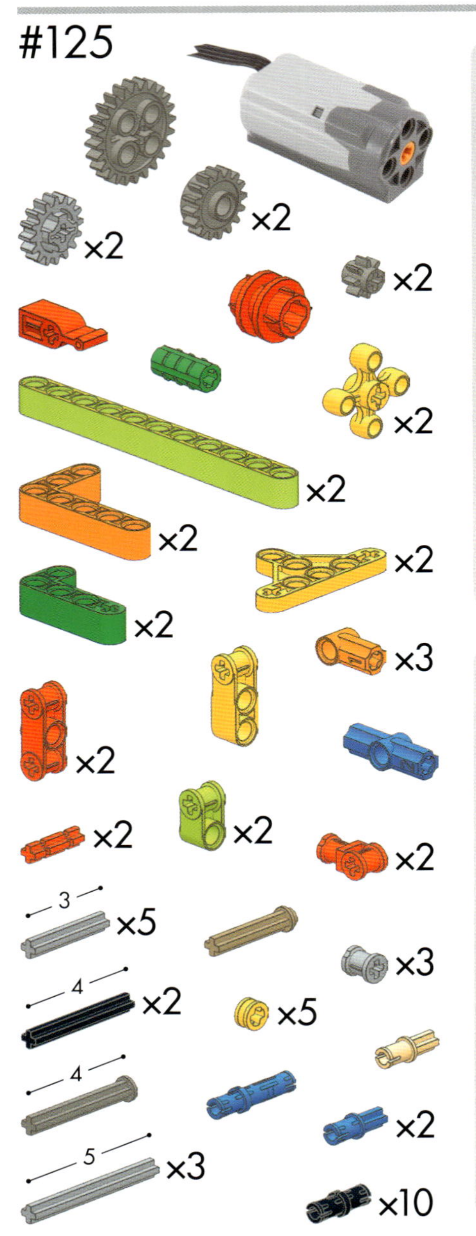

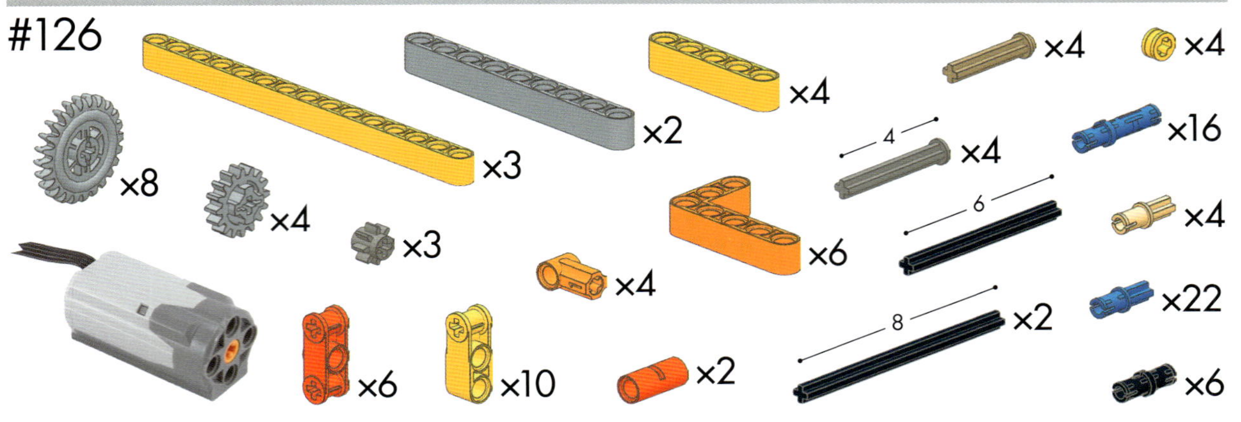

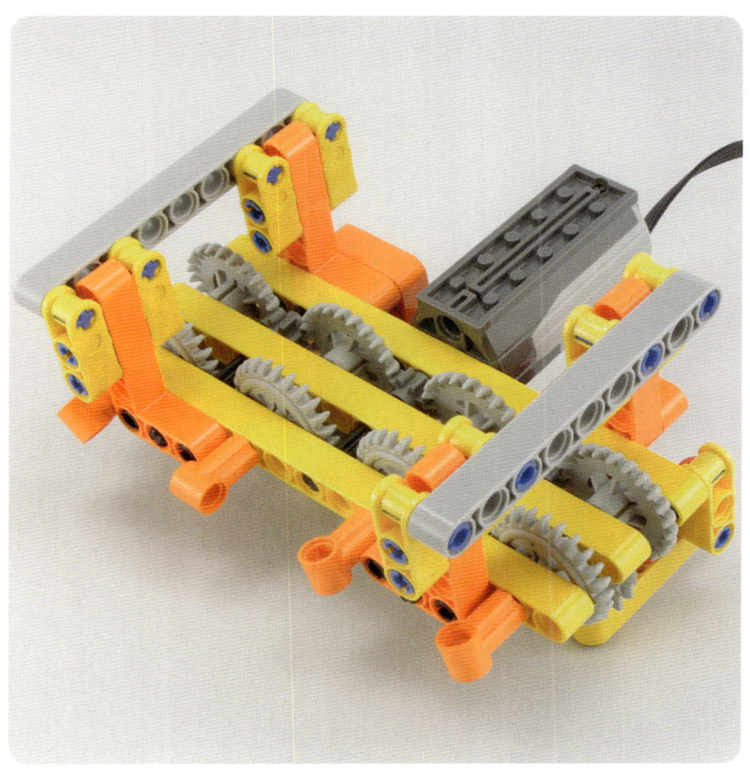

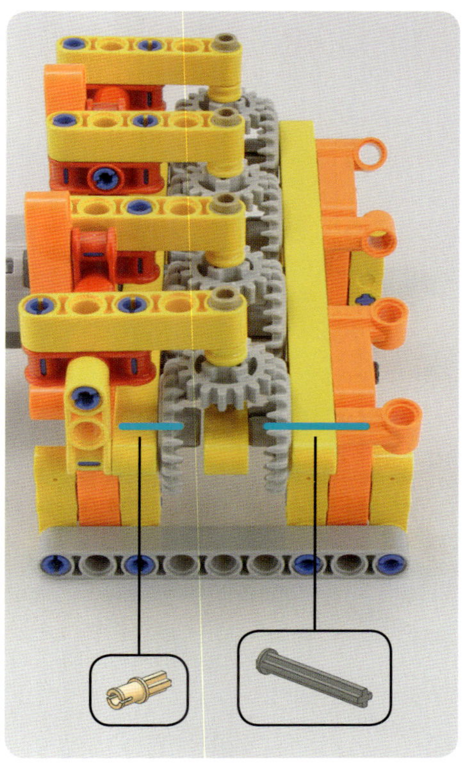

#127

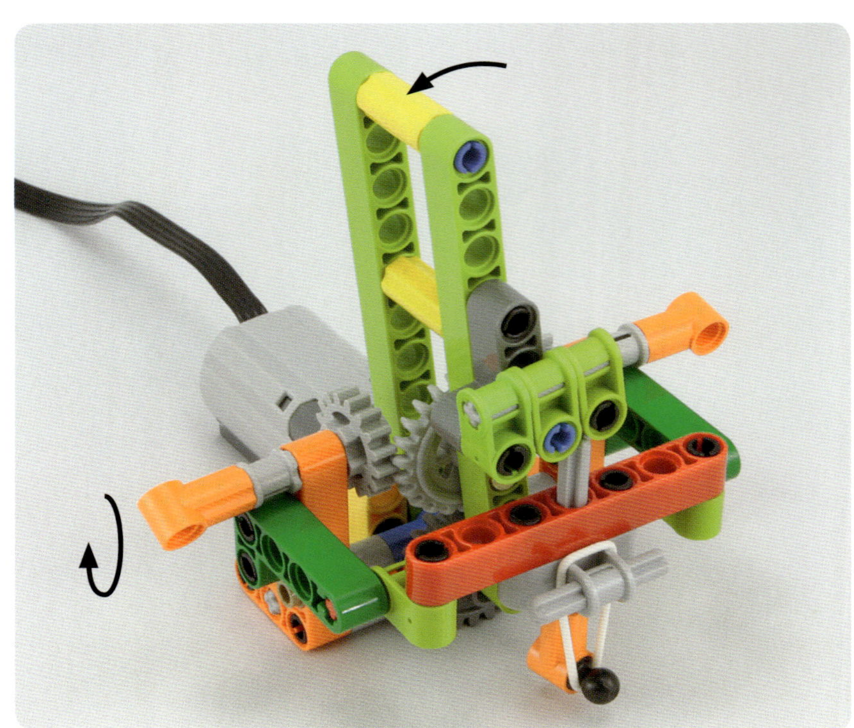

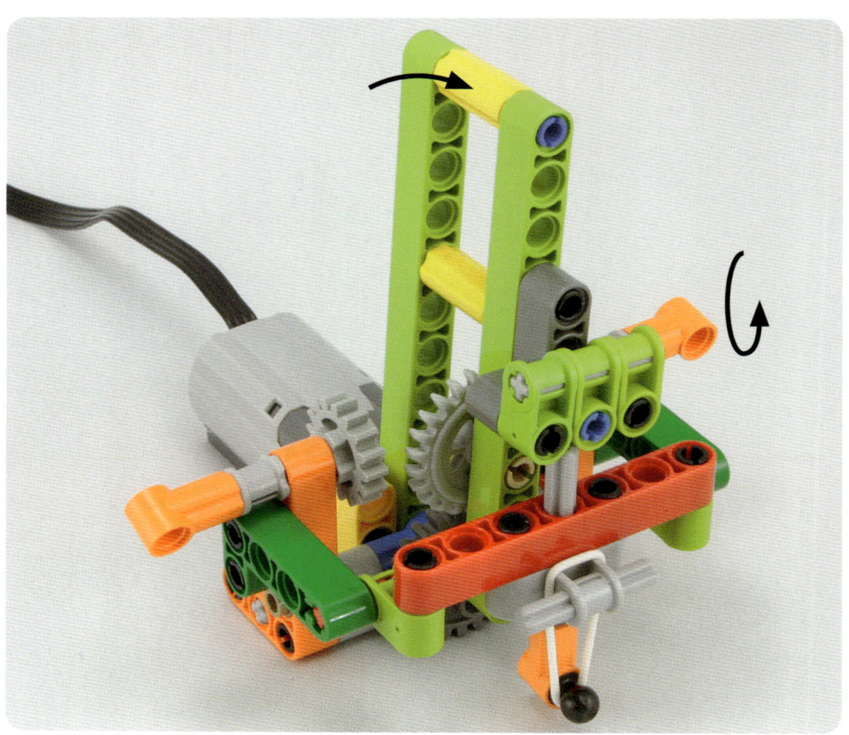

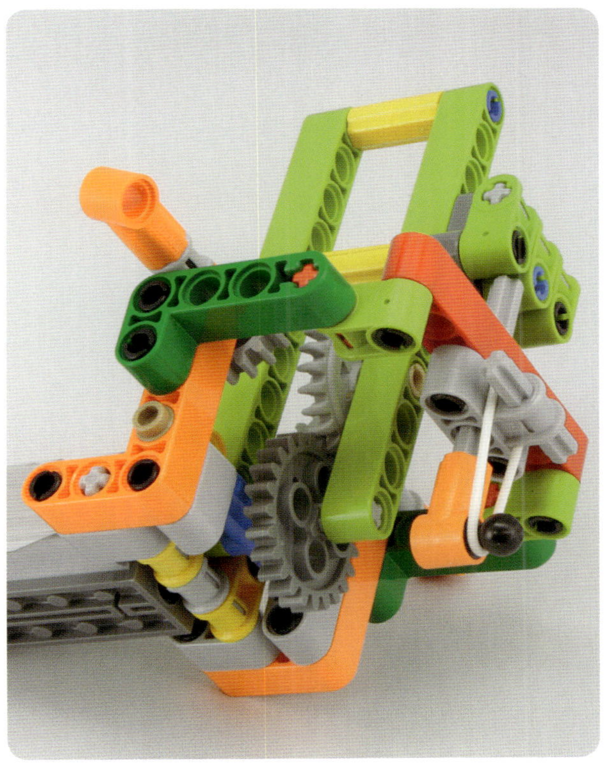

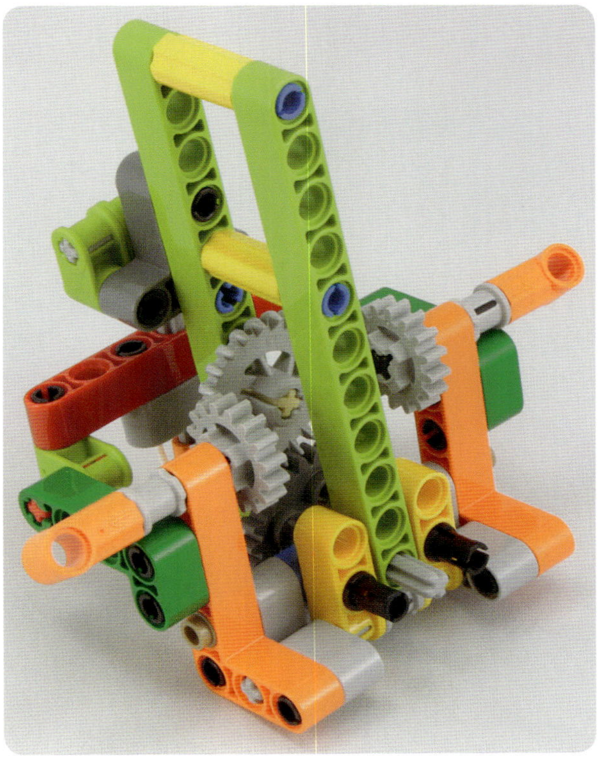

#128

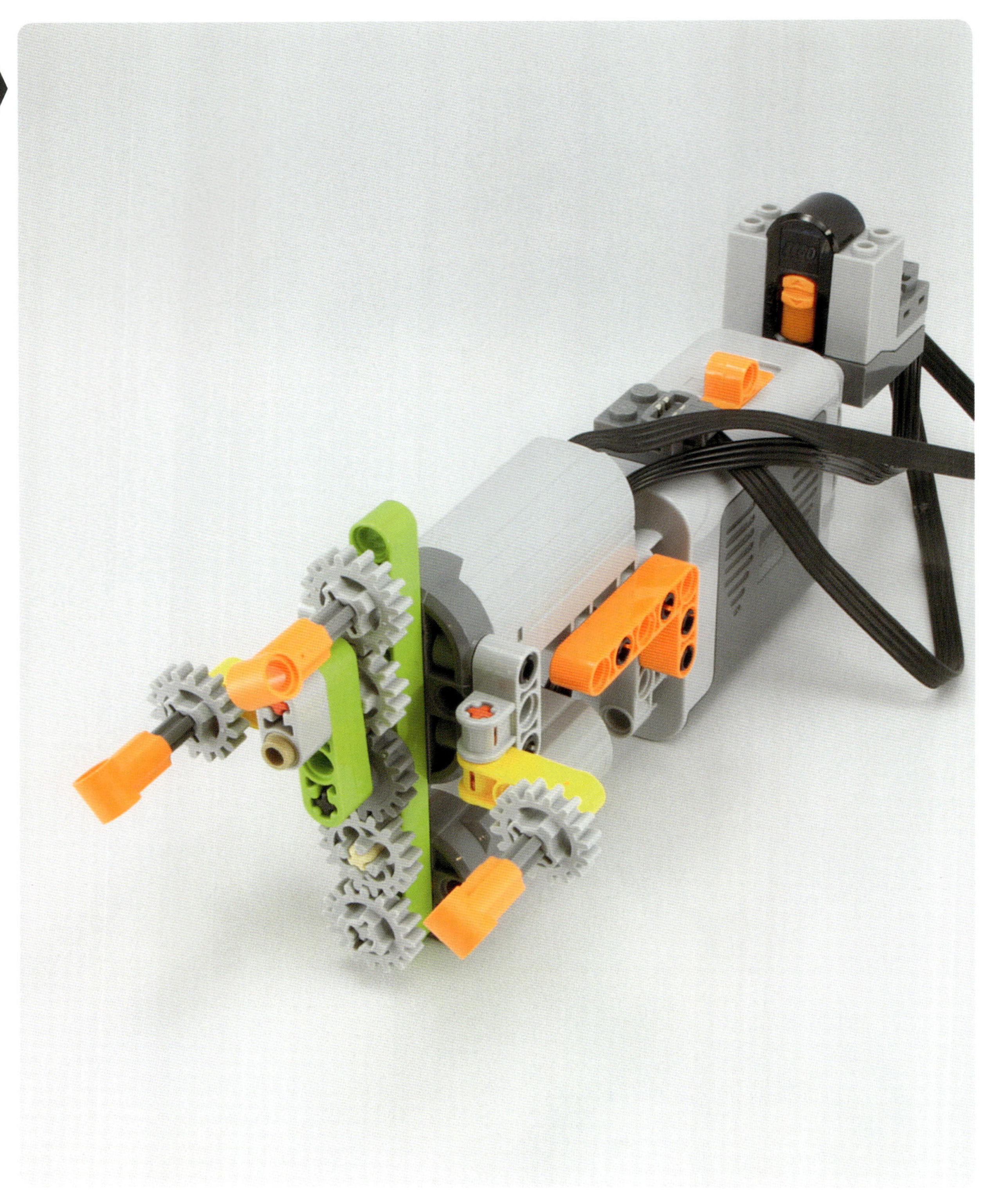

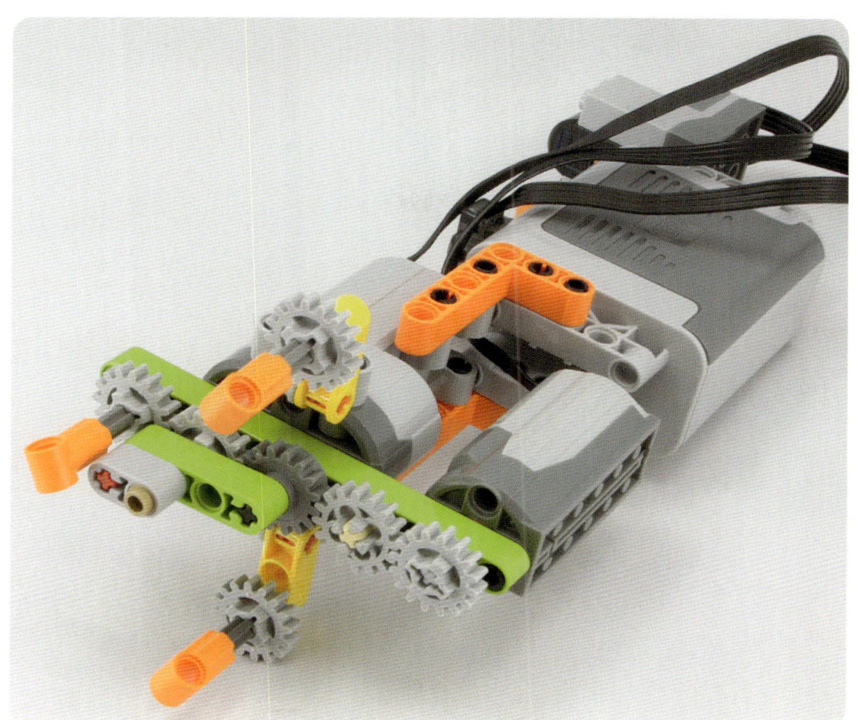

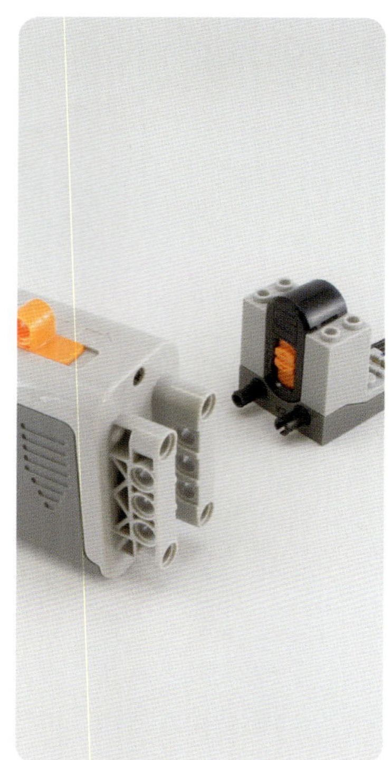

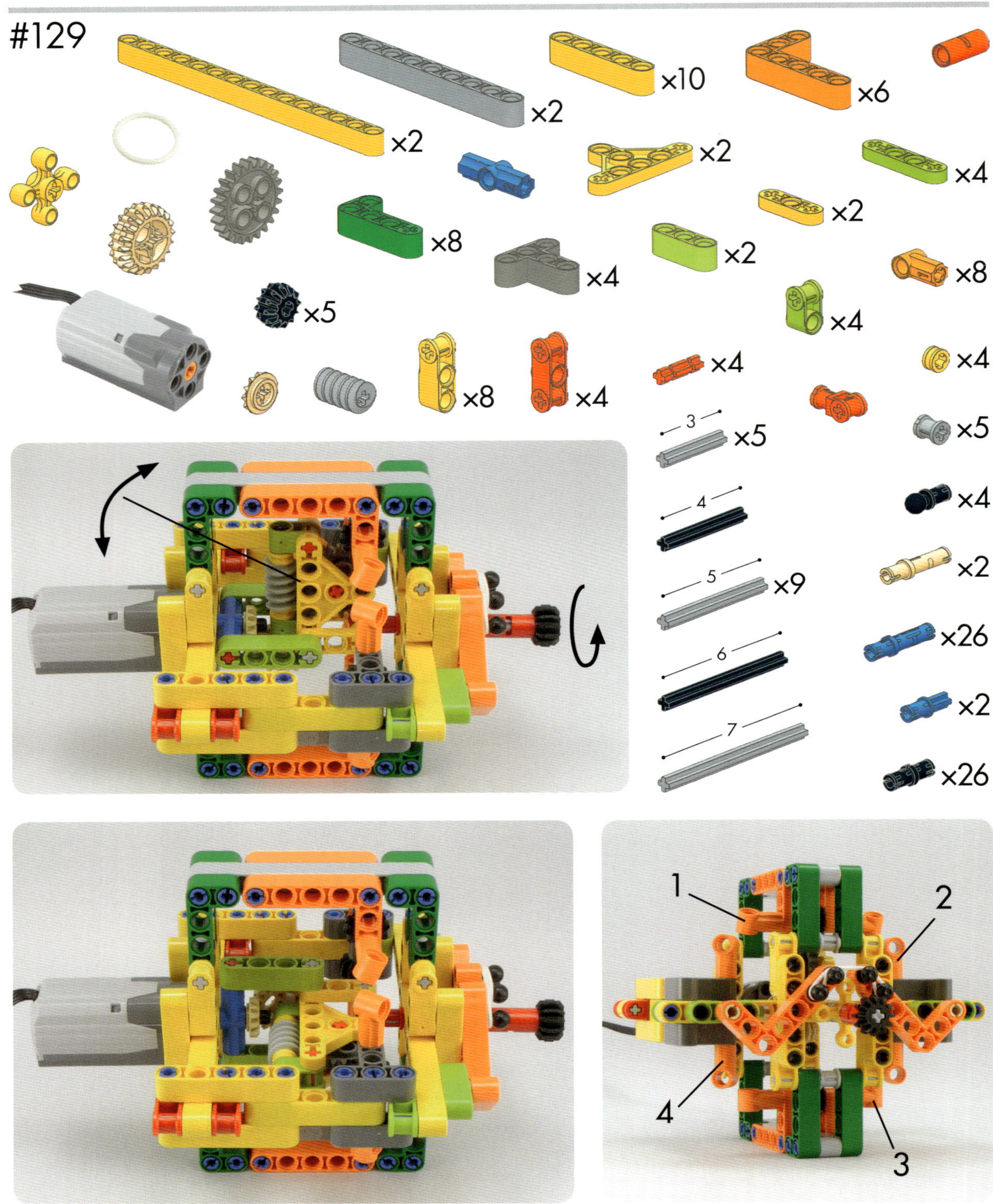

#129
×2
×2
×2
×10
×6
×2
×4
×8
×2
×2
×4
×4
×8
×5
×4
×8
×4
×4
×4
3 ×5
×5
4 ×4
5 ×9
×2
6 ×26
×2
7
×26
1
2
4
3

#130

×2

×5

×2

×3

4

5

3

8

10

×2

×2

×3

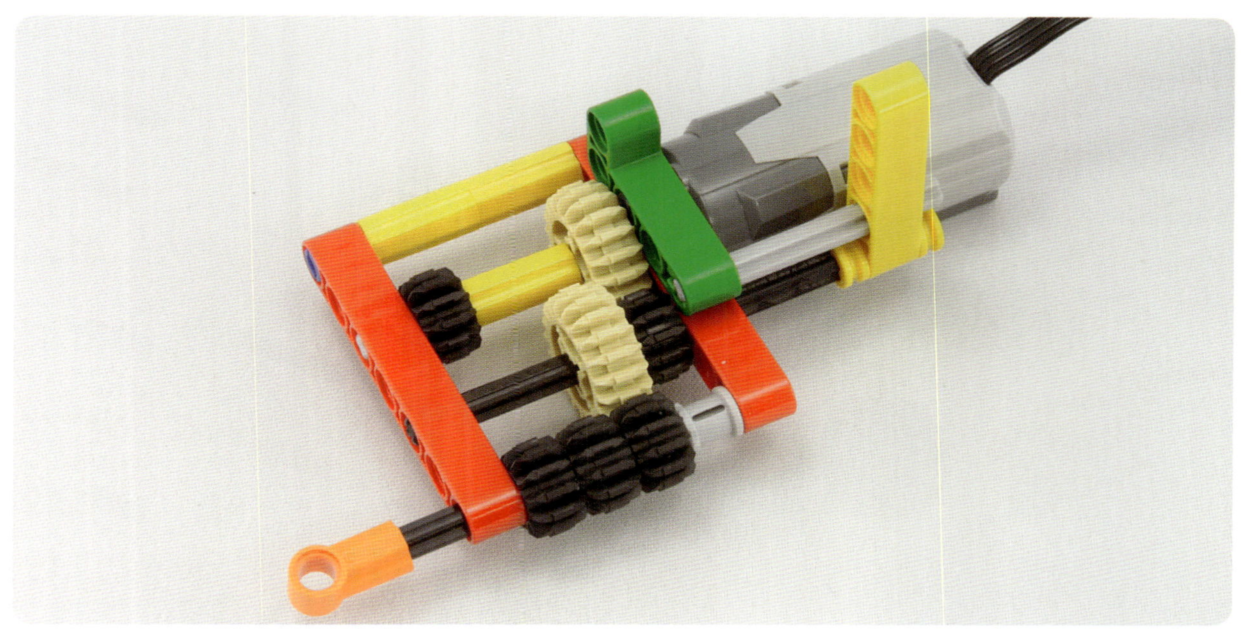

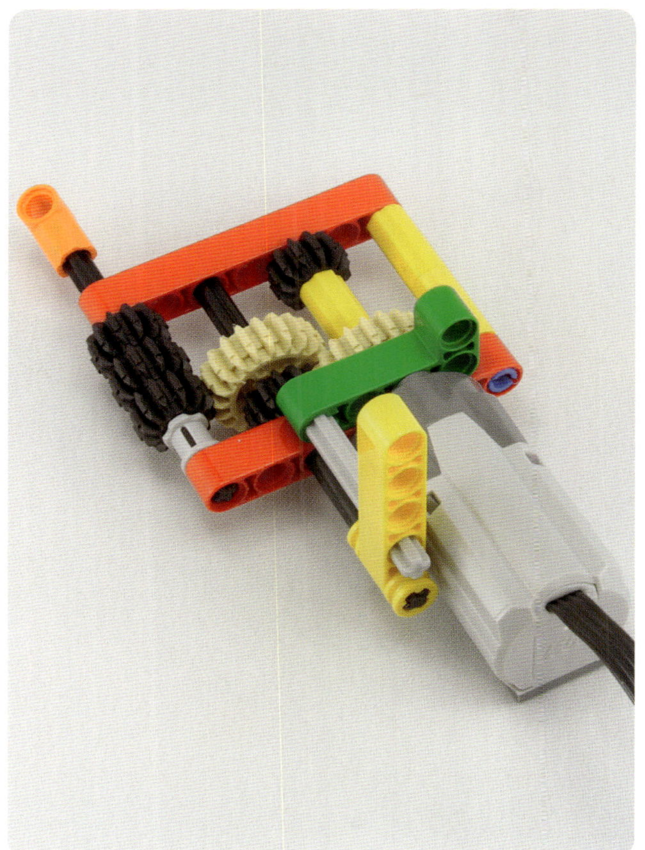

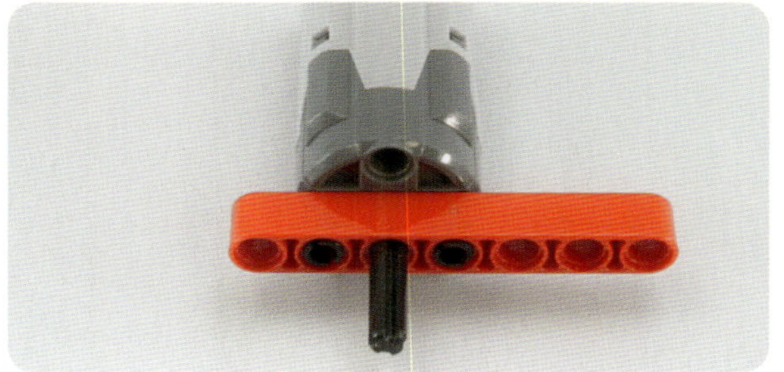

#131

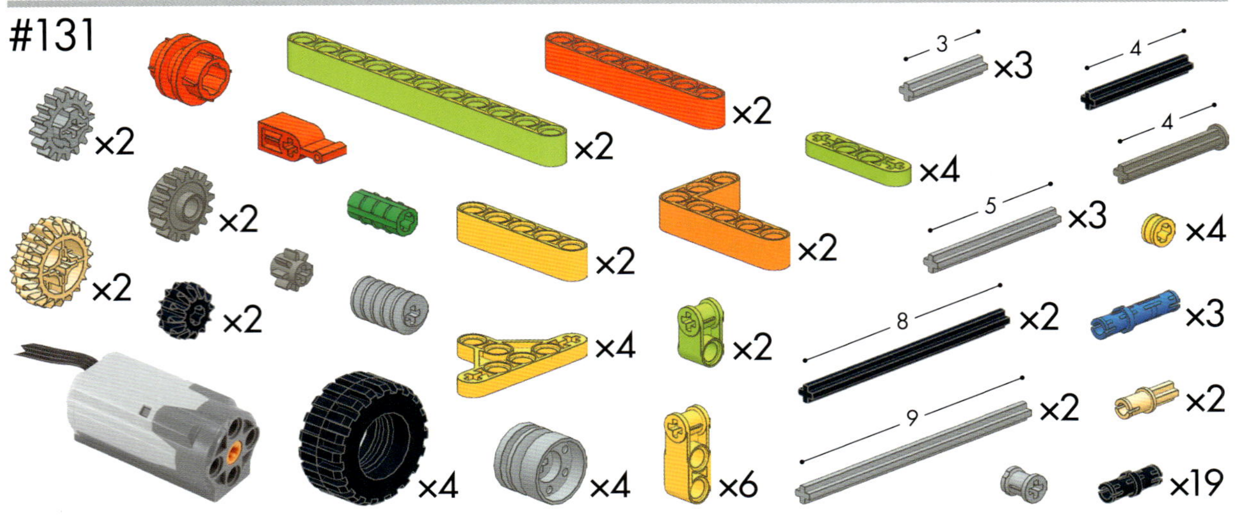

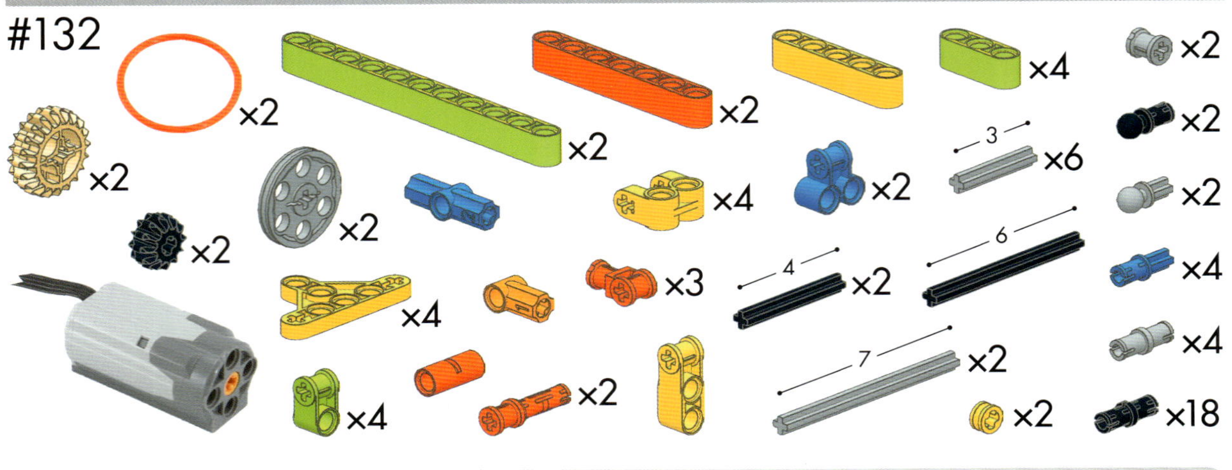

#132
×2
×2
×2
×2
×2
×4
×4
×2
×2
×2
×3
×6
×2
×2
×2
×2
×4
×2
×3
×4
×2
×4
×4
×2
×2
×2
×18
3
4
6
7

#133

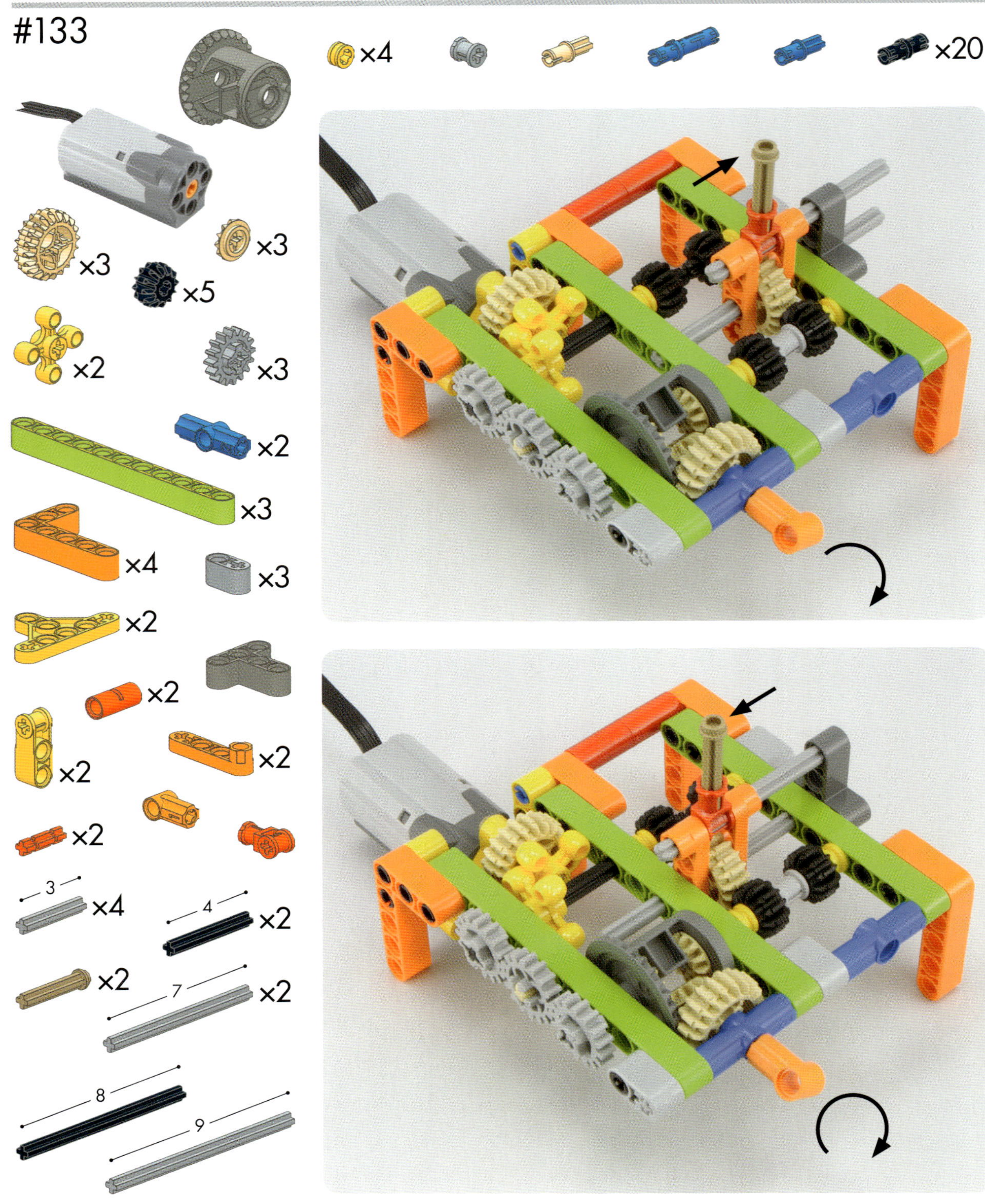

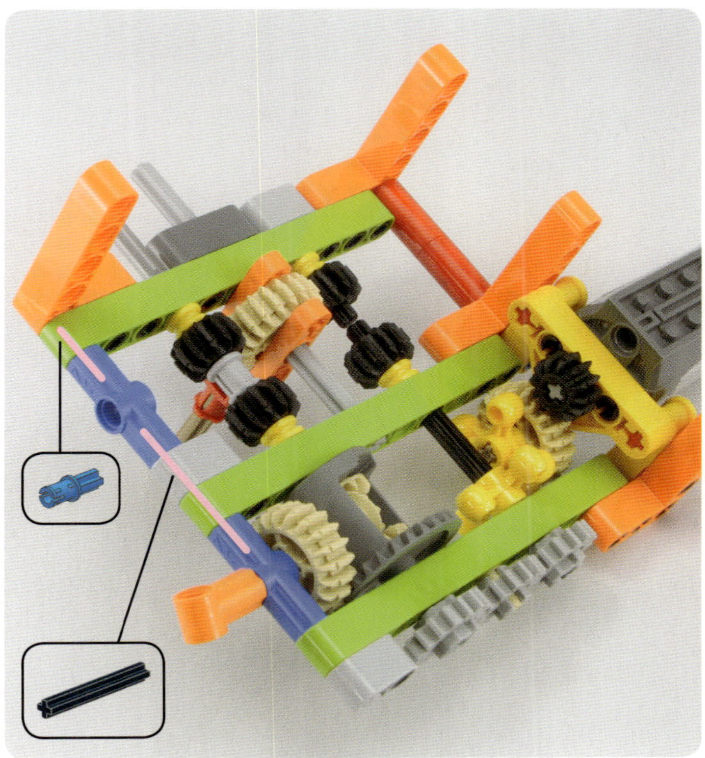

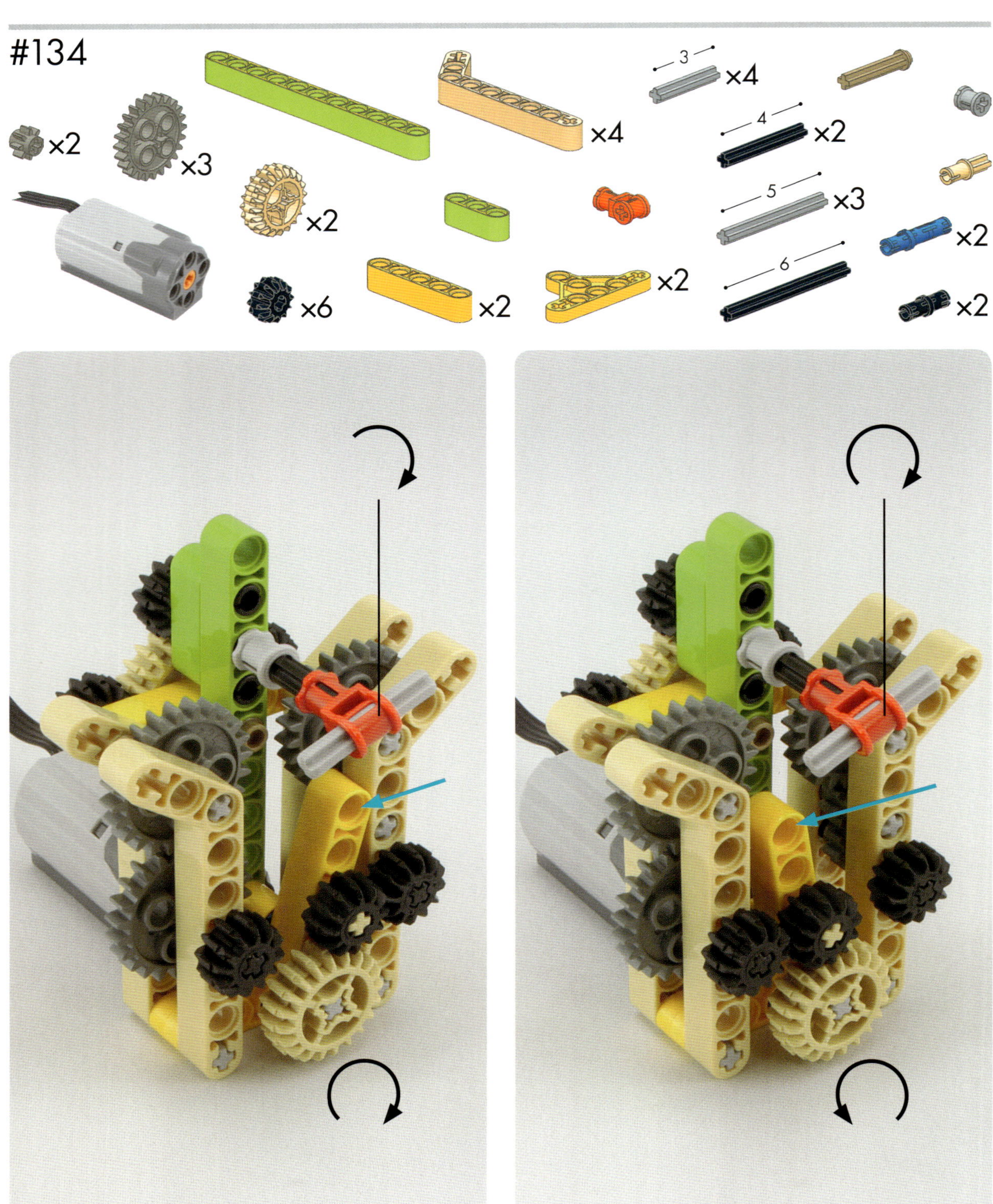

#134

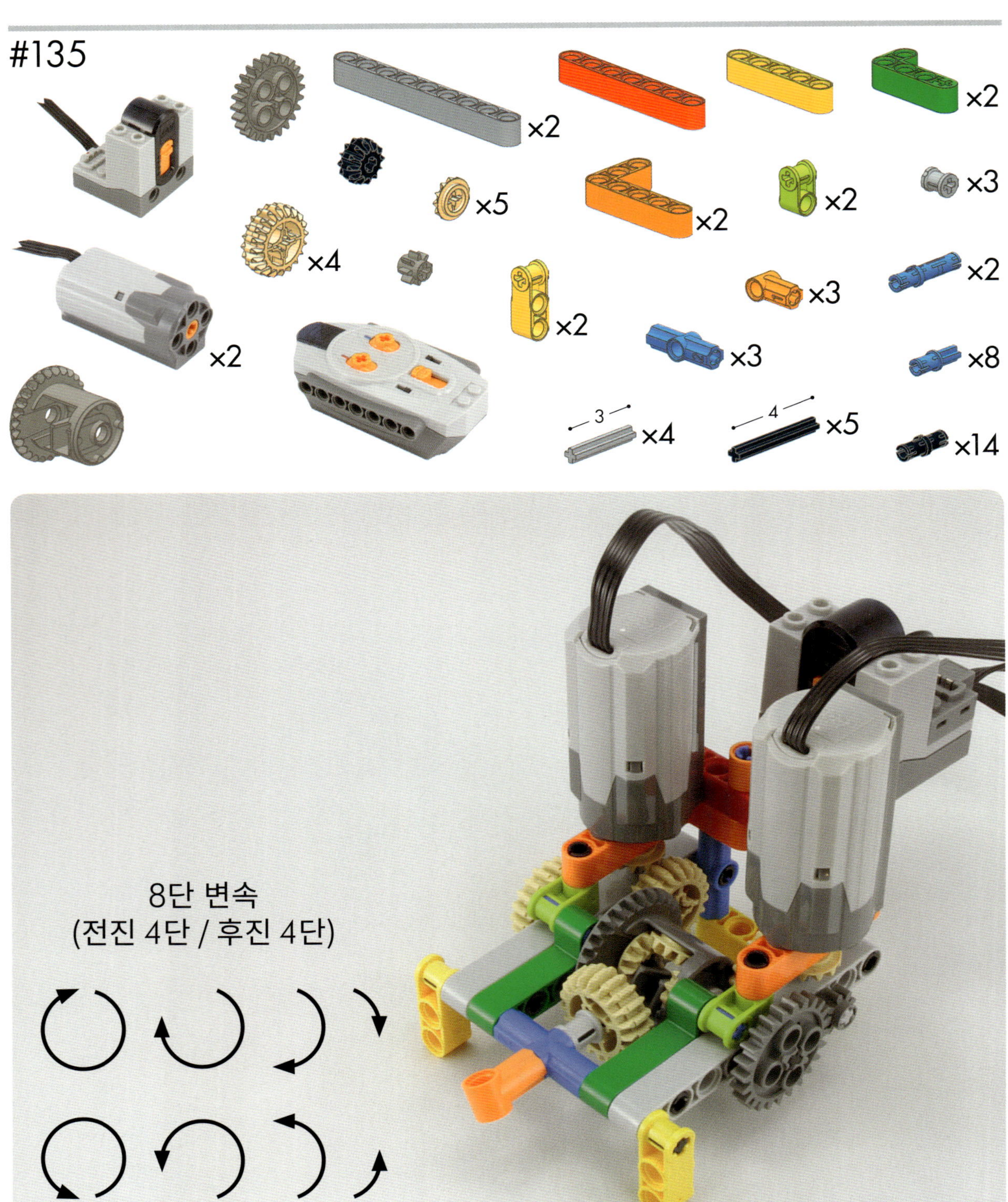
8단 변속
(전진 4단 / 후진 4단)

스위치를 이용한 회전 방향의 변환

#136

#137

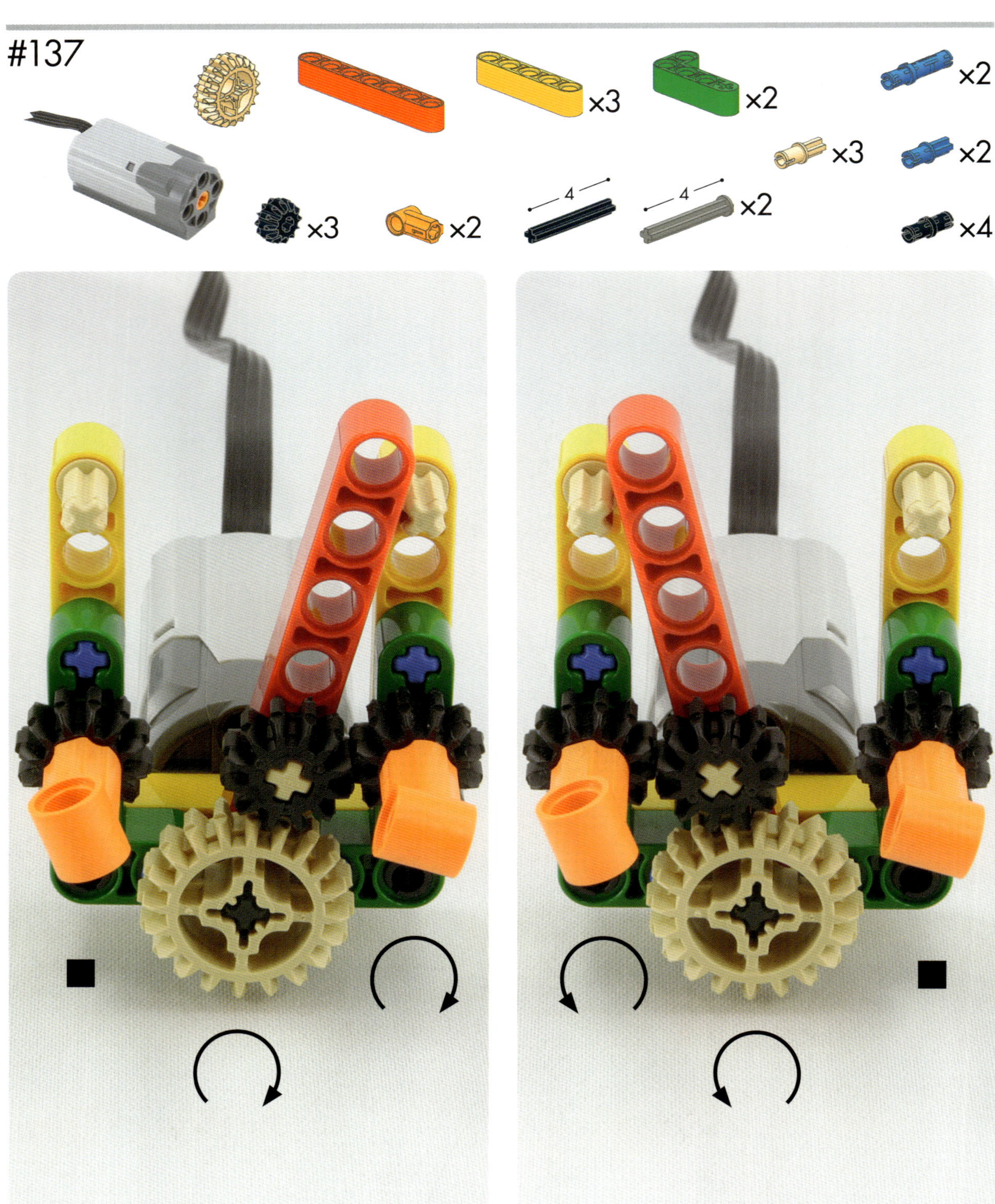

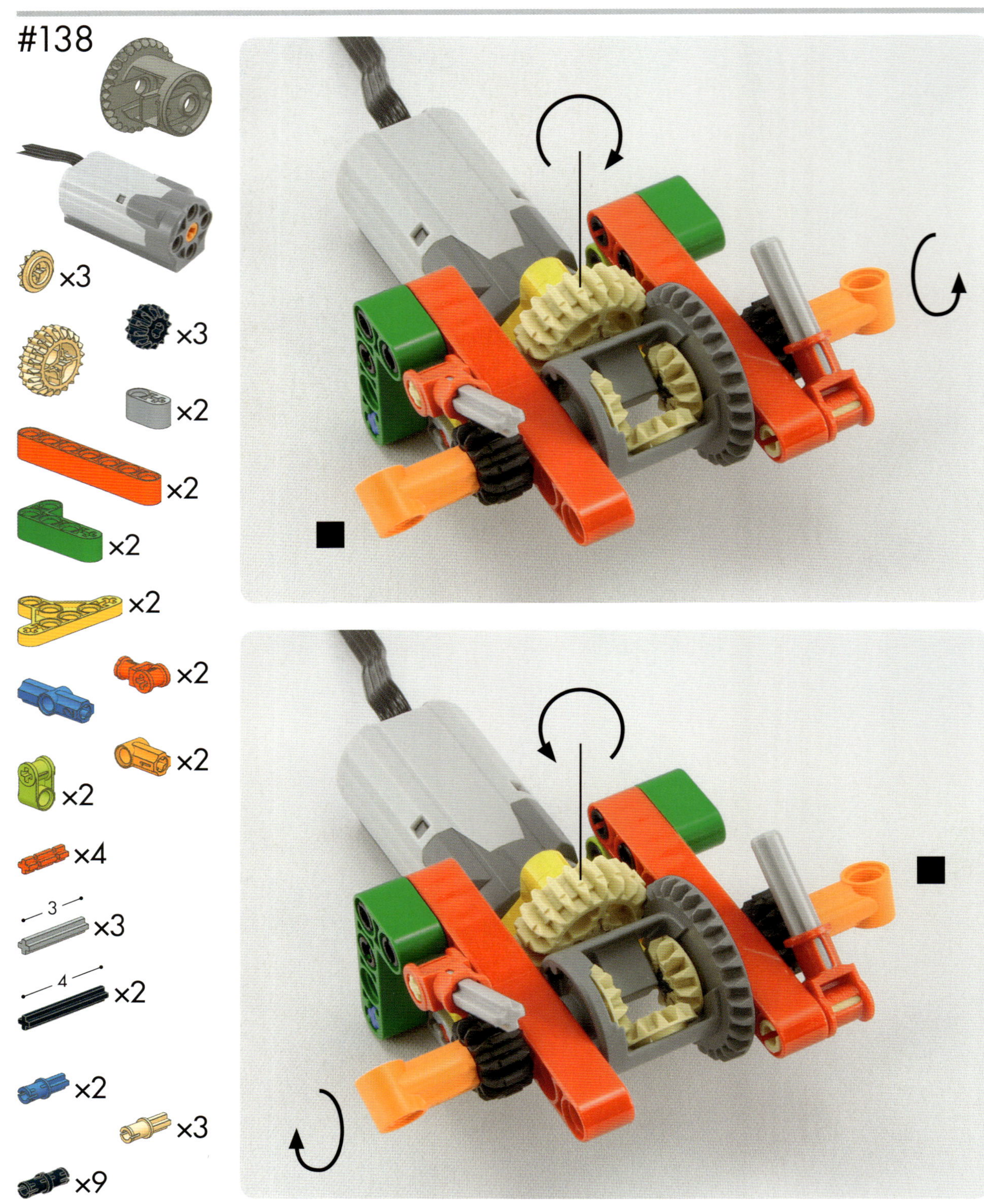

#138
×3
×3
×2
×2
×2
×2
×2
×2
×4
3 ×3
4 ×2
×2
×3
×9

부품 목록

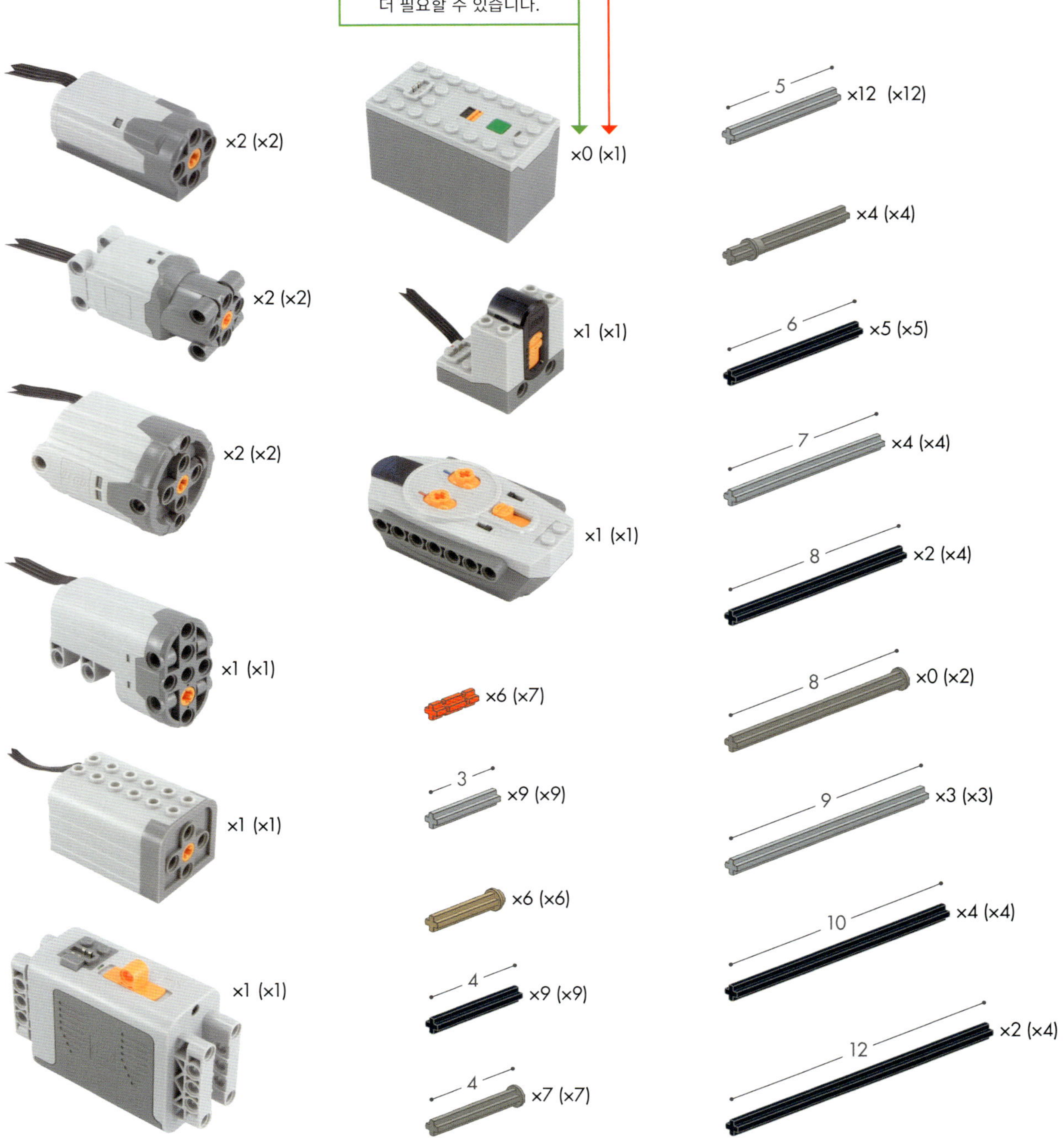

이 숫자는 2권에 등장하는 모델 중 하나를 만드는 데 필요한 부품의 개수입니다. 여러분이 이 책의 다른 모델을 만들기 위해서는 이 부품이 더 필요할 수 있습니다.

이 숫자는 1, 2권에 등장하는 모델 중 하나를 만드는 데 필요한 부품의 최대 개수입니다. 여러분이 두 개 이상의 모델을 만들기 위해서는 이 부품이 더 필요할 수 있습니다.

×2 (×2)
×2 (×2)
×2 (×2)
×1 (×1)
×1 (×1)
×1 (×1)
×0 (×1)
×1 (×1)
×1 (×1)
×6 (×7)
3 ×9 (×9)
×6 (×6)
4 ×9 (×9)
4 ×7 (×7)
5 ×12 (×12)
×4 (×4)
6 ×5 (×5)
7 ×4 (×4)
8 ×2 (×4)
8 ×0 (×2)
9 ×3 (×3)
10 ×4 (×4)
12 ×2 (×4)

×5 (×5)
×0 (×1)
×5 (×5)
×6 (×6)
×8 (×8)
×2 (×2)
×2 (×2)
×6 (×6)
×0 (×1)
×8 (×8)
×9 (×9)
×2 (×4)
×1 (×2)
×0 (×1)
×1 (×2)
×2 (×2)
×1 (×1)
×1 (×1)
×2 (×2)
×0 (×1)
×1 (×1)
×4 (×4)
×6 (×6)
×92 (×92)
×98 (×98)
×58 (×58)
×2 (×2)
×0 (×6)
×0 (×2)
×0 (×1)
×4 (×8)
×2 (×2)
×2 (×2)
×6 (×6)
×6 (×6)
×6 (×6)
×4 (×4)
×4 (×4)
×2 (×2)
×2 (×2)
×2 (×2)
×2 (×2)
×4 (×4)
×2 (×2)
×0 (×1)
×4 (×4)
×0 (×1)
×0 (×2)

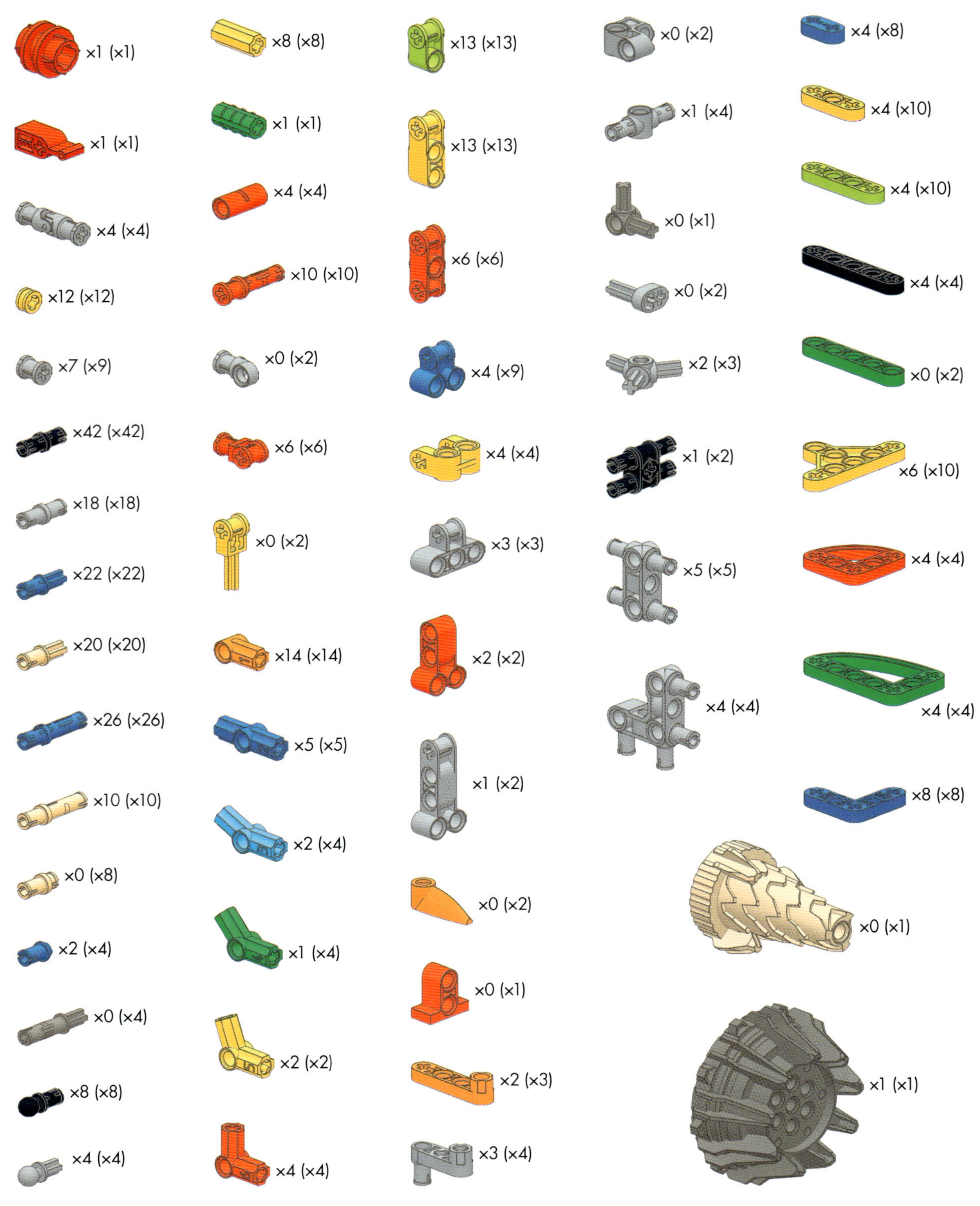

×1 (×1)
×8 (×8)
×13 (×13)
×0 (×2)
×4 (×8)
×1 (×1)
×1 (×1)
×13 (×13)
×1 (×4)
×4 (×10)
×4 (×4)
×4 (×4)
×0 (×1)
×4 (×10)
×12 (×12)
×10 (×10)
×6 (×6)
×0 (×2)
×4 (×4)
×7 (×9)
×0 (×2)
×4 (×9)
×2 (×3)
×0 (×2)
×42 (×42)
×6 (×6)
×4 (×4)
×1 (×2)
×6 (×10)
×18 (×18)
×0 (×2)
×3 (×3)
×5 (×5)
×22 (×22)
×20 (×20)
×14 (×14)
×2 (×2)
×4 (×4)
×4 (×4)
×26 (×26)
×5 (×5)
×1 (×2)
×10 (×10)
×2 (×4)
×0 (×2)
×4 (×4)
×0 (×8)
×1 (×4)
×0 (×1)
×2 (×4)
×8 (×8)
×0 (×4)
×2 (×2)
×2 (×3)
×8 (×8)
×4 (×4)
×4 (×4)
×3 (×4)
×0 (×1)
×1 (×1)

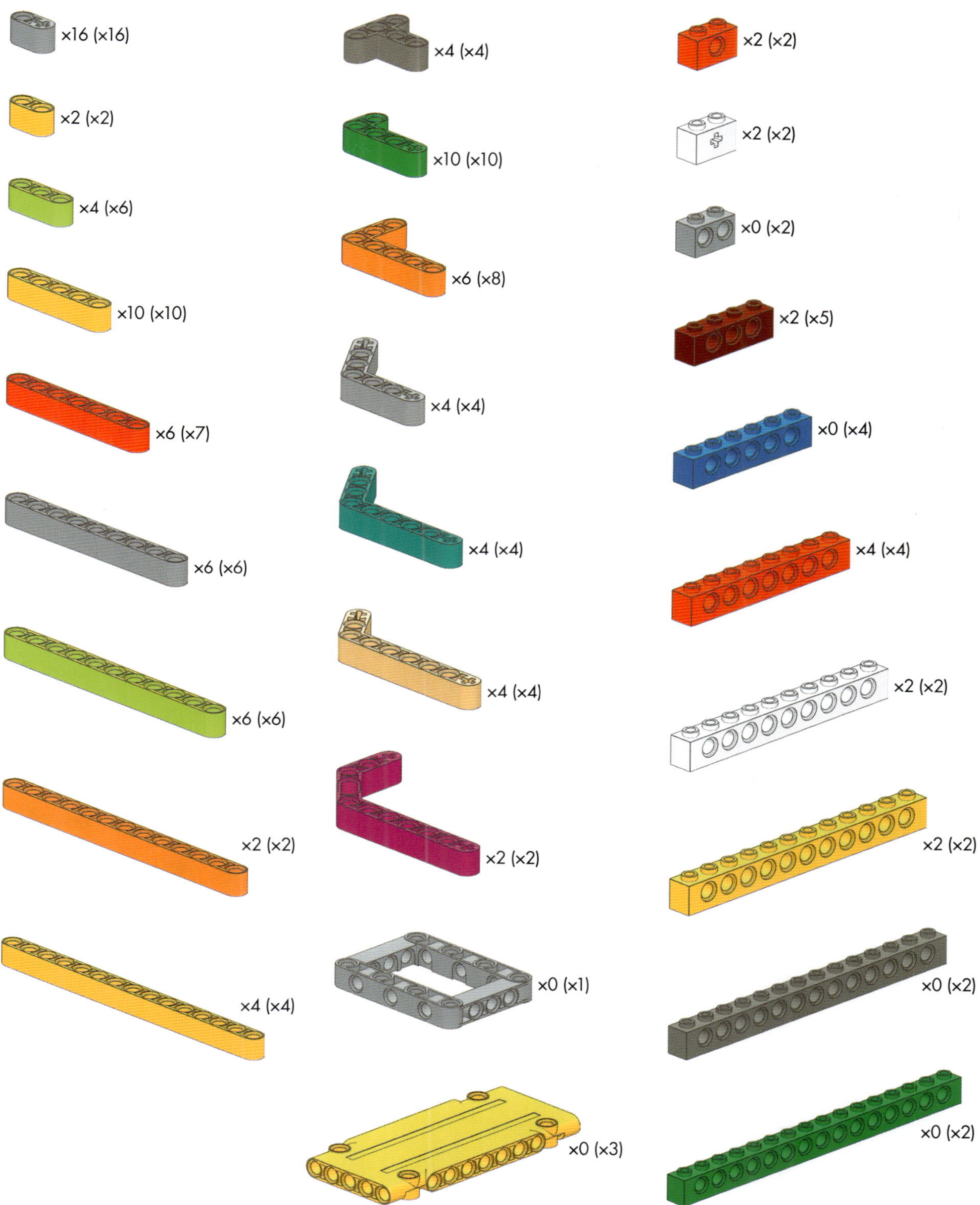

×16 (×16)
×2 (×2)
×4 (×6)
×10 (×10)
×6 (×7)
×6 (×6)
×6 (×6)
×2 (×2)
×4 (×4)
×4 (×4)
×10 (×10)
×6 (×8)
×4 (×4)
×4 (×4)
×4 (×4)
×2 (×2)
×0 (×1)
×0 (×3)
×2 (×2)
×2 (×2)
×0 (×2)
×2 (×5)
×0 (×4)
×4 (×4)
×2 (×2)
×2 (×2)
×0 (×2)
×0 (×2)

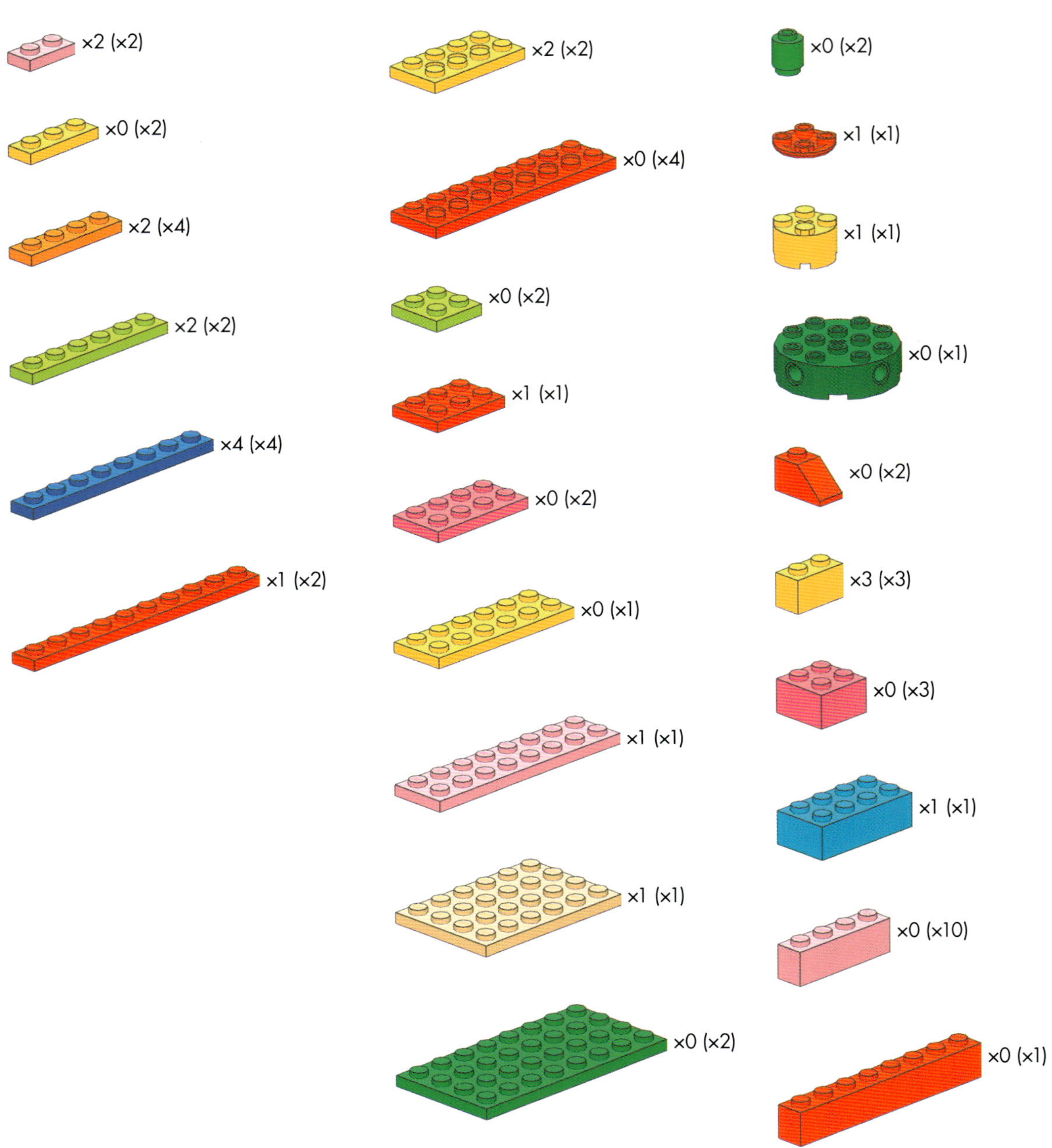

×2 (×2)
×0 (×2)
×2 (×4)
×2 (×2)
×4 (×4)
×1 (×2)
×2 (×2)
×0 (×4)
×0 (×2)
×1 (×1)
×0 (×2)
×0 (×1)
×1 (×1)
×1 (×1)
×0 (×2)
×0 (×2)
×1 (×1)
×1 (×1)
×0 (×1)
×0 (×2)
×3 (×3)
×0 (×3)
×1 (×1)
×0 (×10)
×0 (×1)